Una Familia, Dos Patrias

Una historia de amor, coraje y sobrevivencia

Una Familia, Dos Patrias

Una historia de amor, coraje y sobrevivencia

Maida Purdy Giráldez

Prólogos de
Zoila Lapique Becali
Ricardo Troncoso García-Cambón

Miami, Florida

Purdy Publishing House
Miami, FL, USA
purdypublishinghouse@gmail.com

Primera edición: mayo 2024

ISBN: 979-8-9857449-1-0 (paperback)
ISBN: 979-8-9857449-2-7 (ebook)

Edición y corrección: Sergio Bello
Diseño de cubierta: Jorge Quadreny
Diseño y maquetación: Thalía Monier
Ilustración: Carlos V. Causo y Thalía Monier

PUBLISHER'S CATALOGING-IN-PUBLICATION DATA
Names: Giráldez, Maida Purdy, author. | Becali, Zoila Lapique, foreword author. | García-Cambón, Ricardo Troncoso, foreword author.
Title: Una familia, dos patrias: una historia de amor, coraje y sobrevivencia / Maida Purdy Giráldez; prólogos de Zoila Lapique Becali; Ricardo Troncoso García-Cambón.
Description: Includes bibliographical references. | Miami, FL: Purdy Publishing House, 2023.
Identifiers: LCCN: 2023917388 | ISBN: 979-8-9857449-1-0 (paperback) | 979-8-9857449-2-7 (ebook)
Subjects: LCSH: Buceta Dalmacio Giráldez. | Spain--Biography. | Immigrants—Cuba--Biography. |Galicians (Spain)--Cuba--History. | Cuba--Emigration and immigration--History. | Galicia (Spain: Region) --Emigration and immigration--History. | Spanish language materials. |
BISAC: BIOGRAPHY & AUTOBIOGRAPHY / Historical
Classification: LCC F1789.G3 .G57 G57 2023 | DDC 972.91/05--dc23

A mis abuelos gallegos Dalmacio y Angustias, mi inspiración para esta historia

A mi madre Hilda, mis tíos Pablo, Elena y Rosa, mi ejemplo a seguir en la vida

A Alejandro, Olivia y Alex, mi luz y mi razón de ser

A ti lector/a, mi agradecimiento por dedicarle tu tiempo a mi relato

Soy cubano, y he padecido mucho por serlo; pero mi padre fue valenciano, y mi madre es canaria, y así como ellos me tuvieron en mi tierra, así tengo en mí un ardentísimo cariño por mis dos patrias, sin el odio y la injusticia que los afearían.

José Martí
OC, t. 22, p. 12.

IN MEMORIAM

ANGUSTIAS RODRÍGUEZ
España 1888-1931

DALMACIO GIRÁLDEZ BUCETA
España 1881-Cuba 1957

ELENA GIRÁLDEZ RODRÍGUEZ
Cuba 1925-1989

PABLO GIRÁLDEZ RODRÍGUEZ
Cuba 1919-Estados Unidos 1996

HILDA GIRÁLDEZ RODRÍGUEZ
Cuba 1925-2015

ROSA GIRÁLDEZ RODRÍGUEZ
Cuba 1927-2020

ÍNDICE

PRÓLOGO

Tengo que confesar que recibí con cierta ansiedad las páginas escritas por Maida Purdy Giráldez sobre su abuelo Dalmacio Giráldez, tituladas *Una familia, dos patrias.* Tal vez, el hecho de conocer a la autora desde que nació y saber que no se dedicaba a las letras, alentó este leve sentimiento que se disipó al recordar que a Maida le gustaba escribir versos sobre sucesos de la vida diaria, más bien familiar, al igual que su tía Rosita, considerada por la autora como su segunda madre. En realidad, los versos son escritos por su tía Rosa Giráldez Rodríguez, doctora en Química Física, y compilados por Maida en su libro *A Galicia No Olvido.*

En una nota biográfica Maida nos reseña que es autora por afición, aunque ya quisieran muchos que se dedican a escribir, tener esa sensibilidad para expresar las pequeñas cosas cotidianas y familiares que se descubren en el libro *Una familia, dos patrias.*

El texto está dividido en quince capítulos breves:

1. La campiña gallega
2. Gumersinda y Benito

3. Carmen
4. Dalmacio
5. La Perla de las Antillas
6. Angustias
7. Angustias y Dalmacio
8. La madre patria
9. Dalmacio viudo
10. El hombre de negocios
11. Galicia miña terra
12. ¡España, protégete de tu España!
13. Retorno
14. Segunda etapa de negocios
15. El doctor Giráldez

En el capítulo 5: «La Perla de las Antillas» se comienza a narrar la vida de Dalmacio en Cuba, lugar adonde llegó por vez primera y se estableció en la Villa Primada de Baracoa, situada en el oriente del país, y continúa describiendo su vida en La Habana, capital de Cuba, donde se desarrolla como propietario de la farmacia importante Mercy, situada en Monte y Ángeles, hasta su fallecimiento, en 1957.

La lectura de todos sus capítulos nos lleva, en realidad, a estampas de diferentes personajes en la vida de Dalmacio. Esperemos que la autora, nuestra querida Maida Purdy Giráldez, no abandone su afición por escribir.

ZOILA LAPIQUE BECALI
Premio Nacional de Ciencias Sociales 2002, Cuba
Premio Nacional de Investigación Cultural 2010, Cuba
Miembro número de la Académica de Historia de Cuba

PRÓLOGO

Este libro es un canto de amor a la familia. No es solo un gran trabajo de indagación, búsqueda y puesta en contexto de la vida de los antepasados de Maida, la autora. Este libro es como una habanera, una canción de ida y vuelta. La «habanera» es un género musical que se fue formando en Cuba con los ritmos traídos de España, donde se le añadieron los ritmos propios de la Isla, volviendo de nuevo a España. Así es este libro: un viaje de ida y vuelta. La autora relata la vida de quien no conoció, pero que siente como su familia viva y como solo lo puede sentir una cubana hablando de su familia española.

España siempre mantuvo con Cuba una relación muy especial, que no tuvo con otros países de América. En la familia que aún tiene Maida en España, siempre se quiso mucho a su familia cubana. Incluso, en los tiempos en que las comunicaciones eran difíciles, nunca dejaron de visitar España y su familia española jamás se olvidó a ellos. Aún recuerdo haber recibido en todas las navidades una felicitación de las «cubanitas», como las denominaban. Hilda, Elena y Rosa eran las «cubanitas» y su hermano Pablo era el «cubanito». El diminutivo siempre fue utilizado con el mayor amor que se puede tener.

Maida consigue, por mediación del relato de la vida de sus antepasados, no solo narrar algunos hechos históricos, sino que nos lleva en un viaje a través del tiempo. Hay que agradecer el esfuerzo y el trabajo enormes que ha realizado, así como su capacidad de emocionarnos y acercarnos a hechos que ella no vivió. ¡Gracias!

RICARDO TRONCOSO GARCÍA-CAMBÓN
Licenciado en Empresariales (USC), España
Doctorando en Historia (USC), España
Director General de Petia Vet Health

EL SABLE DEL ABUELO

Desde que tengo uso de razón, me habitué a ver el sable que colgaba en la pared del pasillo del apartamento 6, de mis tías Elena y Rosa. Lo recuerdo siempre en el mismo lugar, inmutable al paso de los años.

En 1989, Elena falleció y Rosa se mudó a la casa de mi madre. Por aquel entonces, cambié de residencia con mi tía y continué disfrutando de la presencia de la añeja arma.

Alrededor del 2006, emigré con mi esposo y mis hijos a los Estados Unidos, y dejé de verlo, pero en mi visita de 2015 a La Habana me dio nostalgia por el pasado. Mi madre Hilda y mi tío Pablo Giráldez habían fallecido, y Rosita había dejado de comunicarse con el mundo de los vivos. A la sazón, me puse a revisar la gaveta de las fotos y los documentos que mi tía me mostraba en mi infancia. Entre aquellos papeles amarillentos, descubrí una lista encabezada por el «Sable del abuelo».

De repente, lo recordé y, con afán, comencé a registrar el apartamento 2 para localizarlo, puesto que nadie de la familia residía en el 6. Su búsqueda me inspiró a escribir la historia de mi familia gallega.

PALABRAS

Si quieres dedicarte a escribir, tienes que leer, como mínimo, un libro diario…

A los diez años, decidí que quería ser escritora. Mas, esas palabras, que todavía resuenan en mi mente, me hicieron aplazar mis sueños. En cambio, de vez en cuando, hago el intento de narrar cuentos cortos y poemas, tanto en español, como en inglés.

La idea de escribir un libro sobre mis abuelos gallegos nació en mi imaginación mientras escuchaba los relatos de mi tía Rosita acerca de los veranos en Galicia, porque Valeixe, una lejana aldea, marcó por siempre a mi madre y a mis tíos. No nacieron en ella, pero allí transcurrió parte de su infancia y volvieron cada vez que les fue posible.

En 1982, hice mi primer viaje a la campiña gallega, por invitación especial de mi tío Pablo —que residía en los Estados Unidos, y nos costeaba los gastos—. En tal ocasión, conocí a una de las hermanas de mi abuelo Dalmacio —Elisa Giráldez, de noventa y nueve años—. Igualmente, compartí con su cuñado, el esposo de su hermana Marina —Sergio Troncoso, de noventa y dos años— y otros parientes. Por desgracia, fallecieron poco después de nuestra visita.

De manera que los recuerdos de Rosita y las conversaciones con mi familia gallega despertaron mi curiosidad por conocer mis ancestros. Por esta razón, en diciembre de 2009, convencimos a mi tía para filmar un video acerca de sus raíces. Luego, ella redactó su testimonio manuscrito y recopiló sus poesías para esta investigación —que publiqué bajo el título *A Galicia no olvido.*

En torno a 2015, había logrado reunir testimonios afines con mi procedencia. El 27 de noviembre de 2016, comenzamos el proyecto; y el 5 de enero de 2017 terminamos el primer borrador. No obstante, en marzo de 2018, decidí abandonarlo, pues sentía que me faltaba mucho por explorar. Ahora bien, un encuentro fortuito que refiero con posterioridad, le dio un nuevo giro a la narrativa. Por consiguiente, retomamos esta historia en abril.

Una familia, dos patrias es un homenaje a mis abuelos Dalmacio Giráldez, el hombre visionario que se aventuró en tierras cubanas, y Angustias Rodríguez, la bella joven que se mantuvo fiel hasta su «partida». El relato consta de quince capítulos, y llegó a su fin en diciembre de 2022.

En mis investigaciones, utilicé fragmentos de cartas y poemas, los testamentos de mi abuelo, entrevistas orales, prensa digitalizada y otra bibliografía; todo ello me permitió aprender sobre la época y mi familia, y sumergirme en la historia, poniendo mi corazón y mi alma en cada palabra. Sin proponérmelo, me identifiqué tanto con sus protagonistas que lloré sus pérdidas, celebré sus triunfos y... ¡hasta recibí sus visitas en mis sueños!

La historia de mis antepasados es la historia de nosotros. Pues, «como las ramas de un árbol, nuestra vida puede crecer en distintas direcciones, mas, nuestra raíz sigue siendo una».

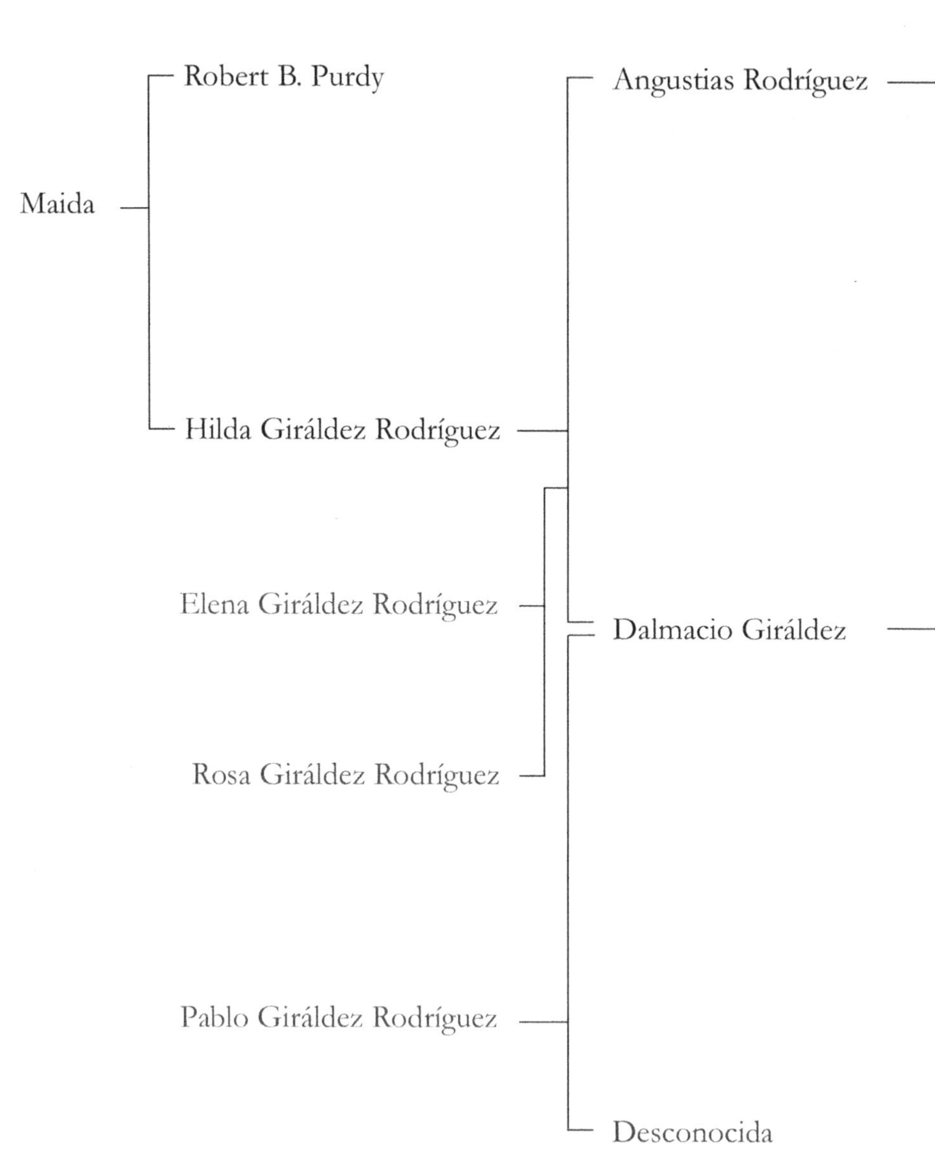
Robert B. Purdy
Angustias Rodríguez
Maida
Hilda Giráldez Rodríguez
Elena Giráldez Rodríguez
Dalmacio Giráldez
Rosa Giráldez Rodríguez
Pablo Giráldez Rodríguez
Desconocida

Árbol genealógico de la familia Giráldez-Rodríguez

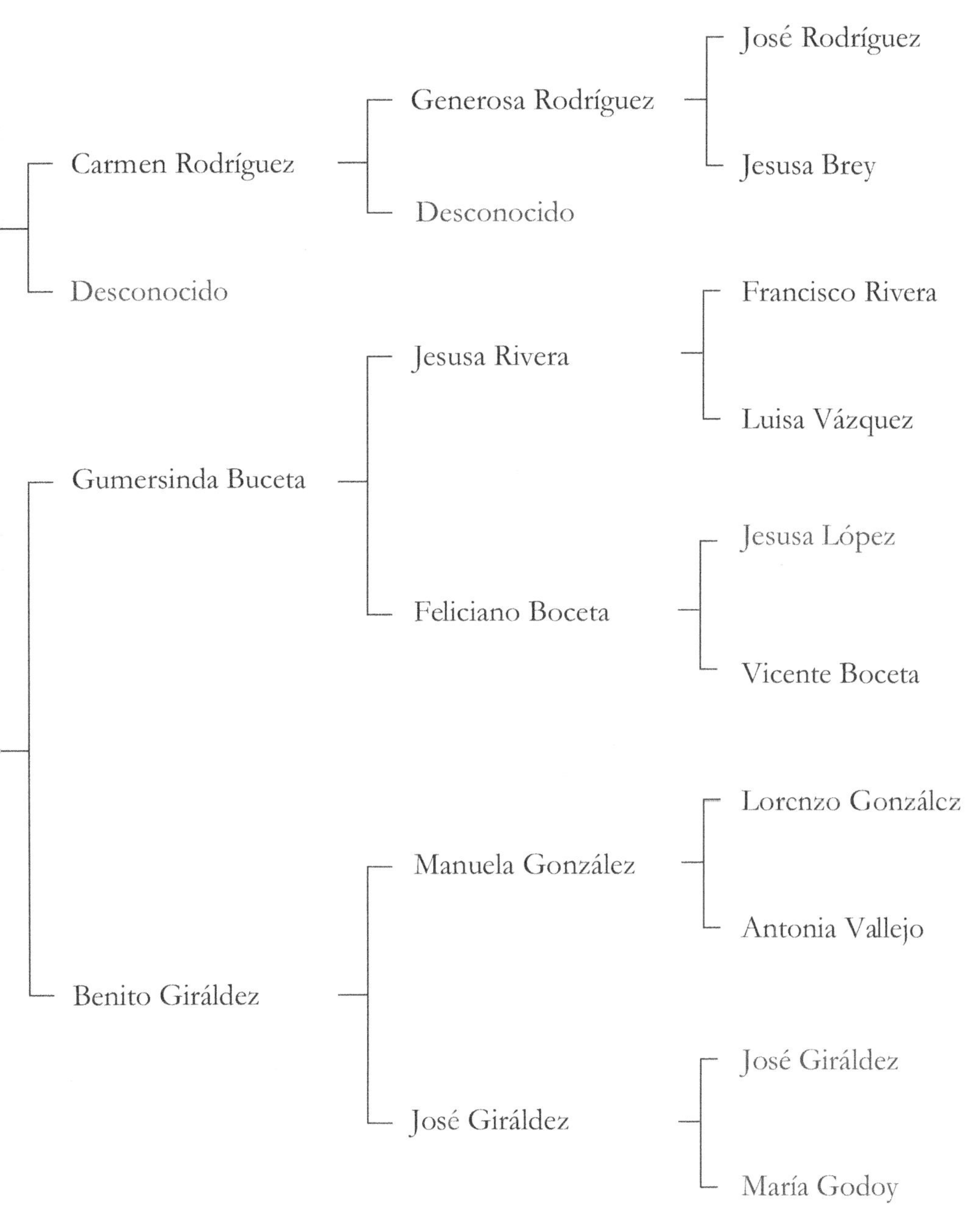

EL ARRIBO

El trasatlántico británico *Órbita* se desliza por las aguas cubanas. Luego de haber zarpado del puerto de la Coruña, y tras una larga travesía, hace una escala en La Habana, Cuba.

Pablo, Hilda, Elena y Rosa suben a la cubierta del barco. Tienen el pelo y las cejas llenos de salitre del mar. Su padre Dalmacio los observa desde el punto de embarque. Después de meses de espera, el patriarca sonríe feliz por la llegada de sus hijos.

Pero esa historia había empezado muchos años atrás, en un lugar muy alejado de La Habana, la aldea gallega de Valeije, ayuntamiento de La Cañiza en Pontevedra, España.

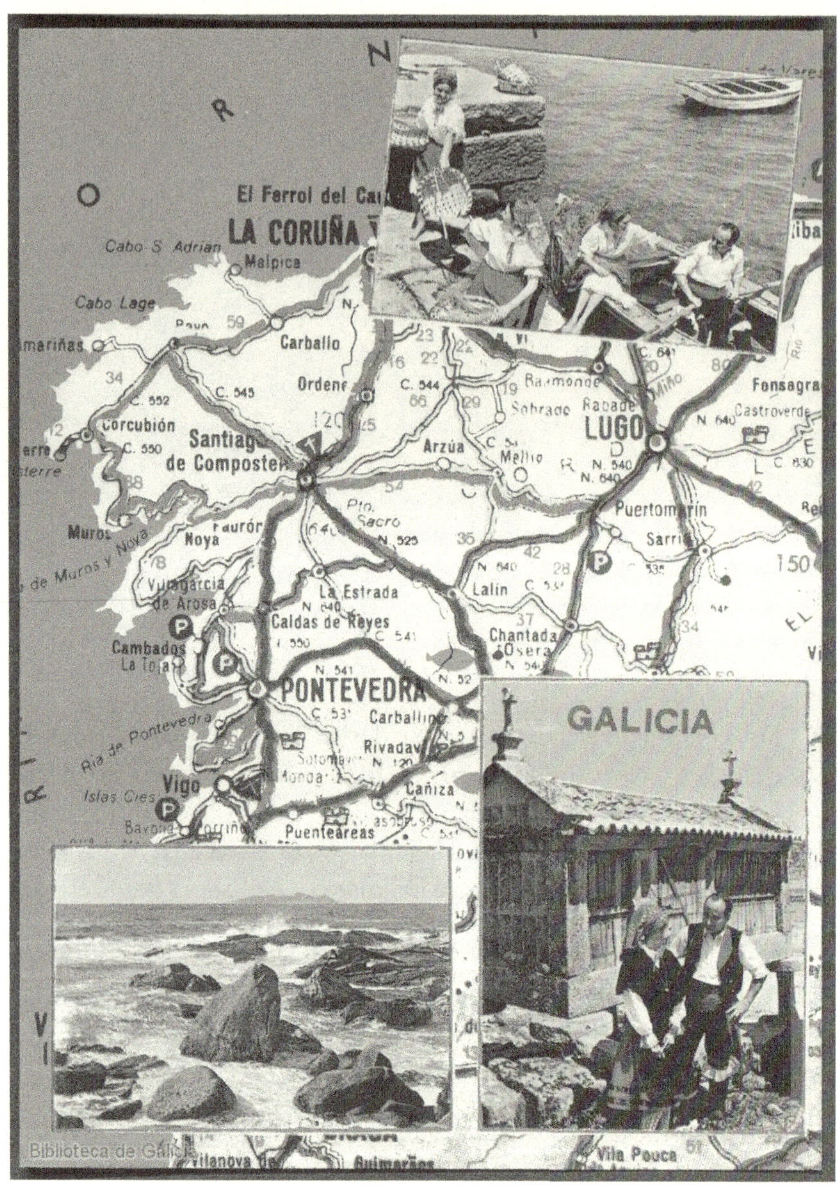

Galicia, fotografía (tarxeta postal), cor; 11 x 15, 1969,
http://biblioteca.galiciana.gal/es/consulta/registro.do?id=581345.

Mapa de Galicia sobre o que se insiren tres pequenas fotografías: tres mulleres e un home nun peirao vestidos con traxe rexional, un home e unha muller vestidos con traxe rexional falan diante dun hórreo, rompeolas.

Capítulo 1
LA CAMPIÑA GALLEGA

Lugar máis hermoso
no mundo n'hachara
que aquel de Galicia,
¡Galicia encantada!

ROSALÍA DE CASTRO
(*Cantares gallegos*)

La familia Giráldez-Rodríguez tiene su origen en torno al siglo XIX. En ese período, mis bisabuelos Gumersinda y Benito, sus hijos Dalmacio, Elisa y Marina; mi bisabuela Carmen, sus hijas Angustias, Amparo y María Dolores, vivían en Valeixe o Valeije, una de las aldeas de Galicia, España.

El siglo se inició el 1.° de enero de 1800. España presenció transformaciones políticas, económicas y sociales, que dieron lugar a la modernización de la agricultura y el avance de la revolución industrial (Altamira 2015, 274-318).

A pesar de que la mayor parte del país se iba reformando, la economía y la agricultura de Galicia permanecían estancadas. La gran mayoría de sus habitantes residían en zonas rurales y cultivaban la tierra o criaban ganado. No obstante, las parcelas pequeñas apenas eran suficientes para ganarse la existencia, por lo que las familias complementaban su dieta e ingresos mediante la pesca. Así y todo, la situación se había vuelto insostenible.

Entre 1860 y 1970, muchos gallegos partieron de España para probar fortuna en Cuba, Argentina y otros países. El gran escritor Castelao expresó: *Os galegos non piden: emigran.* «Los gallegos no piden: emigran».

La fortaleza, el dolor, la melancolía y el amor por los gallegos se expresó en las obras del *Rexurdimento* (resurgimiento). Este fue un movimiento social, literario e intelectual de la historia de Galicia que promovió la recuperación de la identidad gallega en su lengua, literatura, cultura, política e historia. Su exponente principal, la novelista y poetisa Rosalía de Castro, ha sido considerada una de las grandes poetas de la literatura del siglo XIX. El 17 de mayo de 1863, publicó el poemario *Cantares gallegos*, fecha en que se celebra el Día de las Letras Gallegas (*La Voz de Galicia* 2015).

Parroquia de Valeixe

En Galicia, la casa es el núcleo de la sociedad. Sin embargo, la aldea es la entidad social fundamental, que tiene límites geográficos propios, trabajos en común, tradiciones y fiestas.

Durante los últimos nueve siglos, las parroquias han desempeñado un papel importante en Galicia. Generalmente, poseen dos nombres: el del santo patrón y el civil. Aunque hay tendencia a confundir la parroquia con la iglesia, es la iglesia donde se celebran los actos religiosos. Por su parte, la parroquia concentra el lugar principal de las creencias gallegas: el cementerio, que será el destino final de sus habitantes.

Valeixe o Valeije fue antiguamente una *feligresía* o parroquia. Según mi prima Marina Troncoso, Valeixe, significa «Valle del Eje». La parroquia de Valeixe es la mayor y más importante de las del Municipio de A Cañiza. Su historia se remonta a los tiempos del Feudalismo (Concello de A Cañiza, s. f.).

Antiguo cine de Valeixe en el barrio Miñoteira, parroquia de Valeixe. (A Cañiza, Pontevedra, Galicia, España). Cortesía de Edi FM.

En la parroquia de Valeixe se observan su tesoro de *pazos*, como el Pazo de Valeixe, más conocido como El Palacio (Fig. 1.1), propiedad de la familia Troncoso de Lira y Sotomayor. También existen otros pazos y casas solariegas que, junto con Palacio de Valeixe, el Pazo de Cuco-Ruxo, y el Pazo de A Borza o Pazo de Sarmiento; muestran la relevancia de la feligresía en épocas pasadas. La mayoría de los pazos y las casas señoriales se sitúan en el barrio de la Miñoteira (Concello de A Cañiza, s. f.).

Fig. 1.1. El pazo de Valeixe, más conocido por el Palacio (A Cañiza, Pontevedra, Galicia, España). Cortesía de Ernesto Troncoso II.

Los *pazos* o palacios son construcciones de carácter señorial. Allí residían los nobles propietarios que dominaban las tierras de los alrededores. Adquirieron importancia en los siglos XVII al XIX, pero perdieron su valor económico y sociológico a finales del siglo XIX. El *rexurdimiento* volvió a recuperar el interés histórico por los pazos gallegos (Durán-Loriga 2013, 21-22).

Respecto de la arquitectura de esta zona de Galicia, no puede dejar de mencionarse la Iglesia de Santa Cristina de Valeixe. De estilo románico y barroco, fue erigida por orden del Reverendo Señor D. Pedro Gil Abad en 1573 (Concello de A Cañiza, s. f.).

Como dato curioso, debemos señalar que para entrar a la iglesia de Santa Cristina de Valeixe, hay que andar por encima de las tumbas de su cementerio (Fig. 1.2). Y sobre los recuerdos de su infancia en la parroquia, mi tía Rosa le comentó a su prima Elisita en una carta:

> «En la Miñoteira me encantaba dar mis paseos a la casa de la abuela e ir hasta el cementerio (ya me acostumbré a caminar sobre las tumbas).»

Fig. 1.2. Iglesia y Cementerio de Santa Cristina de Valeixe (A Cañiza, Pontevedra, Galicia, España). Cortesía de Olivia Salinas.

En cuanto a su población, Francisco Mellado (1845, 695) expresó que, en 1845, Santa Cristina de Valeixe contaba con 437 vecinos y 1,311 habitantes. Doce años después, es decir, en 1857 José López de la Vega (1857, 15) reportaría 530 vecinos y 2,120 almas o habitantes.

Un elemento típico gallego es el *hórreo*, que consiste en una construcción de piedra o madera elevada del suelo (Bouza 2020, 37-38). Estas son edificaciones para guardar y secar los cultivos, preservarlos de la humedad y los roedores.

Los hórreos se hallan en Galicia, Asturias, las provincias de León y Zamora, Cantabria, algunas zonas del País Vasco y el norte de Portugal (Fig. 1.3).

Fig. 1.3. Hórreo gallego en Combarro (Poyo, Pontevedra, Galicia, España). Cortesía de Gumer Fernández.

Junto con los hórreos, el *cruceiro* es un monumento del paisaje tradicional gallego. No hay camino, aldea, encrucijada o iglesia que no tenga en sus cercanías una de estas construcciones (Bouza 2020, 35-36).

El sitio web Turismo de Galicia (s. f.) describe los cruceiros como:

> Seña de identidad del paisaje gallego y expresión de la devoción popular, los cruceiros se levantan en cruces de caminos o cerca de ermitas, iglesias y cementerios. Castelao decía que un cruceiro es «un perdón del cielo», pues

según el gran escritor gallego los cruceiros se erigen para hacerse perdonar algún pecado. Dado que en Galicia hay unos 12.000 cruceiros, nuestras faltas deben de ser grandes... Pero también se dice que los cruceiros protegen a los viajeros, así que para los que andan por estas tierras la protección está garantizada (Fig. 1.4).

Fig. 1.4. Cruceiro del Cristo de la Agonía en A Cañiza (Pontevedra, Galicia España). Cortesía de Alex Salinas.

Paralelamente, el paisaje de Santa Cristina de Valeije es único por su belleza natural. José López de la Vega (1857, 9-10) expuso:

> «He visto los valles mas hermosos [...] pero cualquiera de ellos no se echa de menos en Santa Cristina de Valeije. No es exageracion: el que dude, vaya y vea.»

Paisaje gallego en Valeixe (A Cañiza, Pontevedra, Galicia España). Cortesía de Ricardo Troncoso.

Acerca del encanto de Galicia, lugar donde germinaron los orígenes de mi familia materna, mi tía Rosita (Giráldez y Purdy 2022, 15-16) le dedicó el poema *Campiña gallega:*

Escondida entre pinares
entre flores y viñedos
nace la Miñoteira
aldea de mis padres
de mi infancia la aldea
la aldea más pintoresca
de la campiña gallega.

Fragmentos

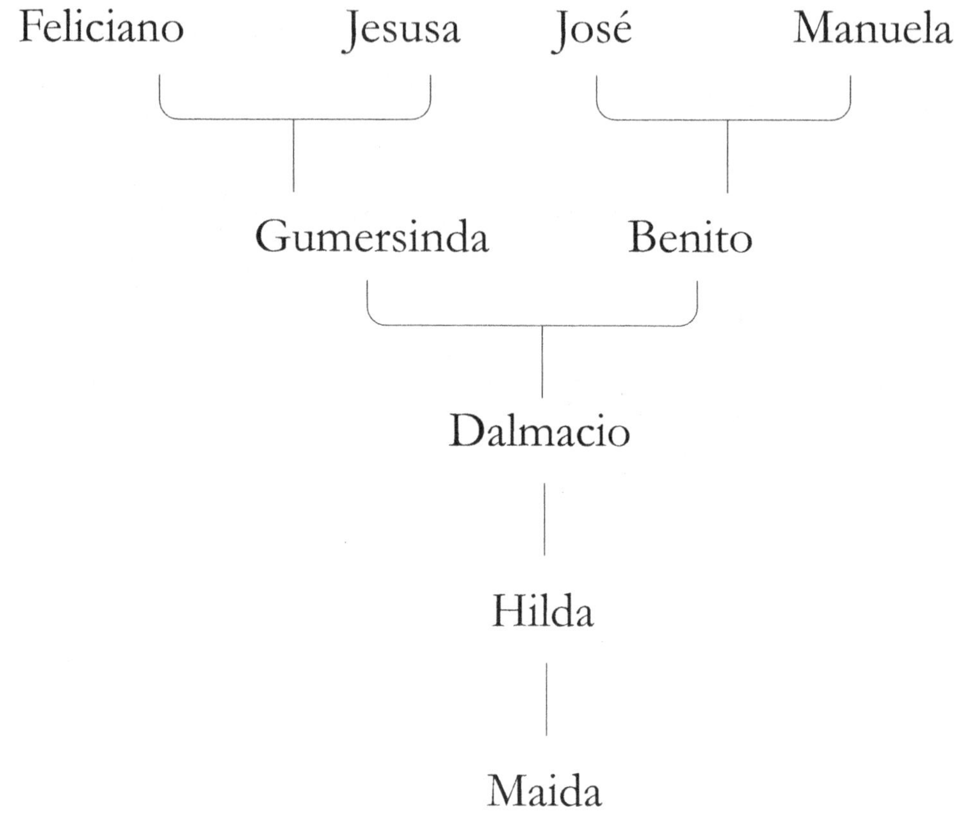
Feliciano
Jesusa
José
Manuela
Gumersinda
Benito
Dalmacio
Hilda
Maida

Capítulo 2
GUMERSINDA Y BENITO

–Te amo... ¿Por qué me odias?
–Te odio... ¿Por qué me amas?
Secreto es éste el más triste
y misterioso del alma.

ROSALÍA DE CASTRO
(Te amo... ¿Por qué me odias?)

El tronco de esta rama familiar lo fueron Feliciano Boceta, oriundo de Santa Cristina de Valeije, y Jesusa Rivera y Vázquez de Puga, natural de San Juan de Albeos, Creciente. El matrimonio Buceta-Rivera tuvo cuatro hijos: Gumersinda, mi bisabuela; Emilio, Elisa y Adelmo.

Los hermanos Buceta-Rivera —el padre firmaba Boceta— nacieron en una casa solariega de muchos escudos, en Albeos, con el nombre de *A Terranova*. Don Feliciano ejerció de secretario de Ayuntamiento en 1861; de delegado, en la Cañiza de la Compañía de Seguros «Monteo Pio Universal»; y también de notario en Albeos (Mateo 2012).

Emilio Buceta Rivera, el hermano mayor, desempeñó el cargo de secretario del Juzgado municipal del distrito del Congreso de los Diputados de Madrid. En 1879, fue admitido como Académico numerario de la Academia Matritense de Jurisprudencia y Legislación. Su hermana Elisa Buceta Rivera resultó ser la bisabuela de la rama de los García. Y su hermano Adelmo Buceta Rivera fue Oficial de 5.ª Clase e Interventor de la Administración Subalterna de Hacienda de Allariz, Orense (R. Troncoso 2016).

Gumersinda Buceta Rivera: tatarabuela de mis hijos Olivia y Alex

Adelaida Gumersinda Buceta Rivera, madre de mi abuelo Dalmacio Giráldez Buceta, nació el 15 de enero de 1854 en Alveos, Creciente, y fue bautizada el 16 de enero de 1854 en la parroquia San Juan de Alveos.

Cuentan que Gumersinda era famosa por su belleza, y buena educación. Un personaje importante de A Cañiza comentó: «Aunque me quedase un solo día de vida, ese día me casaría con Gumersinda».

A los quince años, mi bisabuela se enamoró de Leopoldo Vázquez, un chico que estudiaba Medicina en Santiago de Compostela y, siendo mozos, se casaron. Él abandonó los estudios, situación que originó una fuerte oposición en los parientes de la esposa, y ello provocó que la pareja decidiera trasladarse a una casa en el Ángel de la Guarda, en Santa Cristina de Valeixe. A los dos años de casados, Leopoldo falleció a causa de una tuberculosis. Gumersinda quedó totalmente desconsolada (Mateo 2012).

La vida, sin embargo, siguió su curso inevitable. Los días se convirtieron en meses, y los meses, en años. Con el tiempo, Gumersinda conoció a don Benito Giráldez González, un apuesto militar del ejército español.

◆◆◆

Del matrimonio entre José Giráldez y Manuela González nacieron tres hijos: Benito, mi bisabuelo; Román y Cándido. José y Manuela eran oriundos de Pazo de Valeixe y tenían buena posición económica (Elisita Giráldez, por medio de su hijo Santi Fernández, mensaje de Facebook a la autora, 3 de marzo de 2013).

Benito Giráldez González: tatarabuelo de mis hijos Olivia y Alex

Benito de los Dolores Giráldez y González, el padre de mi abuelo Dalmacio Giráldez Buceta, nació el 11 de octubre de 1844, y ese mismo día fue bautizado en la Iglesia de Santa Cristina de Valeije.

Cuando él y sus hermanos crecieron, José y Manuela decidieron ingresarlos en el Ejército. Benito y Román se adaptaron a la vida militar, mas Cándido no se acostumbró a ese régimen. Por consiguiente, sus padres lo enviaron a casa de apoyo en las tareas agrícolas (Sisa Fernández, mensaje de texto a la autora, 28 de octubre de 2019).

En los últimos años, José Giráldez y Manuela González dejaron de valerse por sí mismos, y Cándido los cuidó con esmero. Por ende, Benito y Román renunciaron a su parte de la herencia a favor de Cándido, quien, a su vez, había creado una familia numerosa.

Restos del hórreo de la familia de mi bisabuelo Benito Giráldez González en Valeixe (A Cañiza, Pontevedra, Galicia, España). Cortesía de Tarsila Giráldez.

En la vida militar, Benito y Román llegaron a obtener una graduación de alto rango. Román prestó servicio en la Guardia Real bajo el reinado de Isabel II, y tomó parte en la Guerra Hispano-norteamericana o Guerra de Cuba, de 1898. Alcanzó el grado de teniente coronel (E. Giráldez y S. Fernández 2013).

Por su parte, Benito comenzó de capitán de infantería del Regimiento Reserva de Tuy, número 36. El 10 de julio de 1887 protagonizó un acto de heroísmo. La noticia apareció en el diario *Crónica de Pontevedra* el 18 de julio de 1887; en el *Diario de avisos de La Coruña*, el 19 de julio; y en *El País*, el 21 de julio de 1887.

El diario *Crónica de Pontevedra* (1887, 2) dijo:

> Según escribe de Ribadavia don José M. Rodríguez, alcalde de aquella villa, el capitan del batallon depósito D. Benito Giraldez y Gonzalez realizó el dia 10 un acto heróico, salvando de una muerte casi segura al teniente D. Norberto Alpuente.
>
> Al ir el capitan á bañarse en el Miño, observó que el teniente se habia caido al rio en un sitio donde el agua tiene de altura 15 metros, é inmediatamente se dirigió á nado á dicho punto.
>
> Despues de grandes esfuerzos, luchando siempre con la corriente, viéndoseles desaparecer muchas veces á uno y á otro debajo del agua, logró llegar á tierra sano y salvo sacando consigo al teniente.

El jefe de la zona ha dado parte de este hecho al gobernador militar de la provincia, para que se instruya expediente y se conceda la cruz de beneficencia al capitan Sr. Giraldez.

Después de concluir su trayectoria militar, Benito Giráldez se retiró, obtuvo el grado de coronel honorario y pasó a la vida de civil (Fig. 2.1).

Fig. 2.1. Mi bisabuelo Benito Giráldez González con su uniforme militar de coronel honorario, y el sable de gala de acero toledano. Cortesía de Elisita Giráldez.

El diario, *La Correspondencia gallega*, publicó el 28 de febrero de 1903:

NOTAS MILITARES

Por real orden de 23 del actual, se ha confirmado en definitivo, el señalamiento del haber provisional de 450 pesetas mensuales, en concepto de retiro, á los coroneles honorarios D. Benito Giraldez González, y don Clemente Alvarez Campillo, que seguirán percibiéndolo por la habilitación de la provincia de Pontevedra.

—Ha sido destinado el primer teniente, D. Manuel Díaz, de la Comandancia de León, á la de Lugo. El segundo teniente, don Pedro Romero, de la Comandancia de Orense á la de Coruña.

D. Francisco de los Arcos Gajardo, ingresado del arma de Infantería, á la Comandancia de Orense.

NOTAS MILITARES

Por real orden de 23 del actual, se ha confirmado en definitivo, el señalamiento del haber provisional de 450 pesetas mensuales, en concepto de retiro, á los coroneles honorarios D. Benito Giráldez González, y don Clemente Álvarez Campillo, que seguirán percibiéndolo por la habilitación de la provincia de Pontevedra.

Mientras tanto, Benito Giráldez González disfrutaba de su vida civil, y gastaba el dinero en paseos y amoríos. De ahí que, el 10 de agosto de 1904, el periódico la *Gaceta de Galicia*, aludiera a su presencia en el balneario de Cuntis.

Gumersinda y Benito: tatarabuelos de mis hijos Olivia y Alex

Gumersinda había decidido quedarse en Valeije. Para entonces, poseía una tienda de comercio de ultramarinos en su casa.

En aquella época, mi bisabuelo Benito permanecía mayormente en Vigo y, a menudo, viajaba a Portugal. Allí se quedaba de ocho meses a un año. Y, tan pronto le daban permiso en el Ejército, regresaba al Pazo, a liarse con Gumersinda. Entre múltiples encuentros románticos nacieron los tres hijos de mis bisabuelos: Dalmacio, mi abuelo; Elisa y Marina (Elisita Giráldez, en conversación con la autora, 12 de agosto de 2016).

Benito sentía una fuerte atracción por Gumersinda, y en cada visita a Valeixe pasaba el rato con ella. La familia de la joven, preocupada por la situación, la obligó a romper un romance sin futuro puesto que Giráldez no formalizaba la relación.

Gumersinda, atormentada por la presión social, se tiró a la vía del tren, cerca de Filgueira. Afortunadamente, unos vecinos la salvaron (Mateo 2012).

En tales circunstancias, apareció don José Aller, natural de una aldea cercana de Valeije. Al igual que muchos gallegos de la época, había emigrado a América y había hecho una fortuna. Ahora, regresaba viudo, rico y con dos hijos de matrimonios anteriores.

José quedó hechizado por la belleza de Gumersinda. La empezó a cortejar, y le pidió que se casara con él. Ella, forzada por la sociedad, aceptó.

La pareja contrajo matrimonio —no se ha podido encontrar la fecha— y vivieron en la casa de Gumersinda, de Valeixe, con sus hijos Dalmacio, Elisa y Marina (Fig. 2.2).

Fig. 2.2. Casa de mi bisabuela Gumersinda Buceta Rivera en Valeixe (A Cañiza, Pontevedra, Galicia, España). Cortesía de la familia Troncoso García-Cambón.

Con los años, nació el primer hijo de la pareja, y el cuarto de Gumersinda, Ernesto Aller Buceta.

Don José Aller fue muy exigente con los jóvenes Dalmacio y Elisa. Esta situación provocó fuertes discusiones en el hogar. Ante el ambiente tenso, Gumersinda decidió enviarlos con su padre, que se había retirado de la vida militar y ganaba un buen salario. Así, Dalmacio (de diecisiete años) y Elisa (de quince años) se mudaron a la casa de Benito en La Miñoteira (Fig. 2.3). Por otro lado, Marina y Ernesto Aller se quedaron con Gumersinda y José Aller en la casa de Valeixe (de la figura 2.2).

Fig. 2.3. Casa de mi bisabuelo Benito Giráldez González en el barrio de A Miñoteira en Valeixe (A Cañiza, Pontevedra, Galicia, España). Cortesía de Santi Fernández.

Mi bisabuela Gumersinda Buceta Rivera y su hijo Ernesto Aller. (La única foto que ha sobrevivido no le hace justicia a su afamado atractivo). Cortesía de Elisita Giráldez.

Con respecto a sus hijos, Benito reconoció legalmente a Dalmacio y Elisa, pero no a Marina, a quien también dejó fuera del testamento. Ahora bien, este hecho no impidió que los tres hermanos fueran muy unidos.

Igualmente, los hijos de Gumersinda Buceta y Benito Giráldez adoraron a su hermano Ernesto. El chico los iba a ver a la casa de La Miñoteira, y les confiaba los conflictos con su padre José Aller. Lamentablemente falleció a los veintitrés años por una infección.

En general, Benito Giráldez no mostraba el afecto a sus hijos delante de los demás, lo cual estaba acorde con su formación militar. Desde el siglo anterior, los hijos trataban a los padres de «usted», en señal de sumisión. Según Crespo y Hernández (2017), la autoridad absoluta del progenitor sobre sus hijos simbolizaba el reflejo de la autoridad del rey sobre sus súbditos. Este concepto continuaría vigente en el siglo XIX y parte del XX, y contaría con el apoyo del Estado y el consentimiento de la Iglesia católica: «El padre es la representación de Dios. Trasunto fiel es su autoridad de la autoridad divina».

Acerca de los sentimientos de Benito Giráldez hacia Gumersinda Buceta, todo indica que jamás la olvidó. Existen pruebas de ello: se conoce que no contrajo matrimonio ni tuvo descendientes con otra mujer. Además, la cercana vecindad de Gumersinda y José Aller lo ponía frenético, y echaba mano a lo que encontraba a su paso para agredir a su hija Elisa que vivía con él. La chica sufrió, en ocasiones, las consecuencias de su violencia motivada por sus celos. Benito la castigaba con el bastón de mando militar de madera. Una vez, de tanto genio, le dejó una gran cicatriz en la frente (Sisa Fernández, mensaje de texto a la autora, 28 de octubre de 2019).

Asimismo, es de suponer que tampoco Gumersinda superó su amor por él. Cuando su esposo José Aller le ofreció darles reconocimiento de paternidad a sus hijos con Benito Giráldez González, ella se negó. Por ello, Elisa y Dalmacio tuvieron los apellidos de su padre y su madre, es decir, Giráldez Buceta. En cambio, Marina se apellidó como Gumersinda: Buceta Rivera (Mateo 2012).

Mi bisabuelo Benito Giráldez González se despidió de la vida el 12 de diciembre de 1908, a los sesenta y cuatro años.

En lo que concierne a Gumersinda, Sisa (2019) afirmó que nuestra bisabuela padeció de demencia senil en sus años finales. Gumersinda Buceta Rivera dijo su último adiós el 21 de diciembre de 1928, a los setenta y cuatro años. La reseña apareció en el periódico *El Pueblo Gallego* el 25 de diciembre de 1928.

> «En la mañana del sábado tuvo lugar la conducción del cadáver de la señora Doña Gumersinda Builla de Aller y seguidamente los funerales de entierro».

A propósito de la información anterior, mi primo Ricardo afirmó que, Builla debe haber sido una mala transcripción del apellido Buceta. De manera que Gumersinda Buceta de Aller significaba antes «la esposa del Sr. Aller» (Ricardo Troncoso, correo electrónico a la autora, 25 de junio de 2020).

Al año de su partida, sus familiares celebraron una misa en su honor. Algo que la distinguió fue su coraje. Ese coraje que Rosalía de Castro (1837-1885) demostrara cuando expresó: «Yo soy libre. Nada puede contener la marcha de mis pensamientos, y ellos son la ley que rige mi destino».

De este modo, mis bisabuelos Benito Giráldez y Gumersinda Buceta daban comienzo a la rama paterna de la familia Giráldez-Rodríguez.

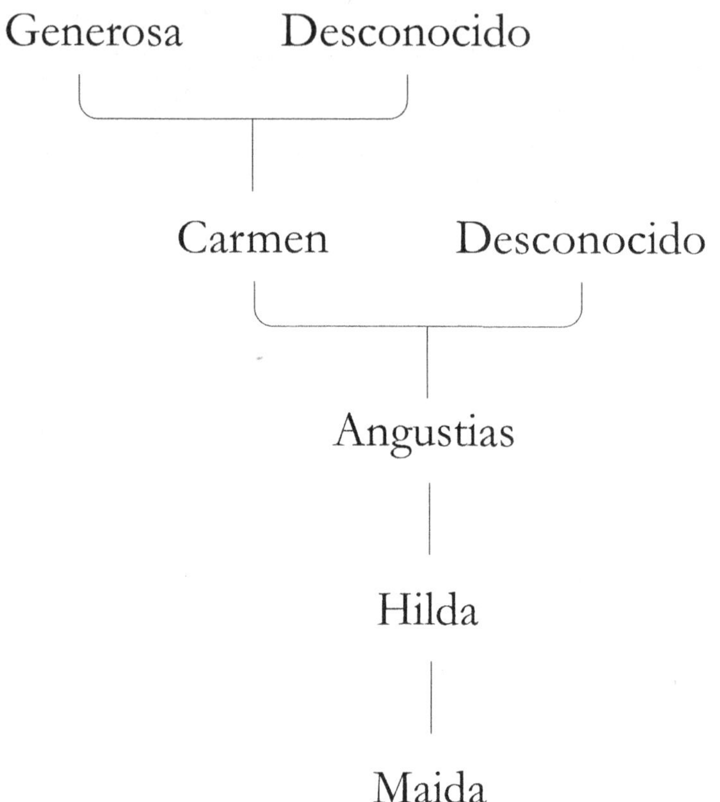
Generosa
Desconocido
Carmen
Desconocido
Angustias
Hilda
Maida

Capítulo 3
CARMEN

Y va mi vida siguiendo
triste carrera,
y de romper con el cuerpo
que la aprisiona insensato
ya desespera.

ROSARIO DE ACUÑA
(*A una gaviota*)

El tronco de la rama de la familia Rodríguez lo formaron José Rodríguez y Jesusa Manuela Brey, campesinos y vecinos de Vista Alegre, una aldea gallega. De su matrimonio, nació Generosa Rodríguez Brey, el 18 de noviembre de 1841, quien recibió su bautismo el 19 de noviembre de ese mismo año.

Al igual que sus padres, Generosa Rodríguez Brey fue una aldeana muy sencilla. En su juventud, conoció a un joven y con este tuvo cinco hijas: Carmen, mi bisabuela; Elisa, Asunción, Aurora y Mercedes. El chico no quiso contraer matrimonio ni reconocer a las niñas. Posteriormente, marchó a América, y jamás se supo de él. Mi tatarabuela Generosa asumió la crianza de su prole con el apoyo de sus padres José y Jesusa (Rosa Giráldez, en conversación con la autora, 5 de agosto de 2008).

Generosa y Desconocido  Carmen
Elisa
Mercedes
Asunción
Aurora

Carmen Rodríguez: tatarabuela de mis hijos Olivia y Alex

Carmen Rodríguez, madre de mi abuela Angustias Rodríguez, nació el 29 de diciembre de 1865, y fue bautizada el 30 de diciembre de ese mismo año en la iglesia de Santa Cristina de Valeixe.

En la época de Carmen y mi tatarabuela Generosa, el campesinado gallego afrontaba condiciones de vida muy difíciles. Muchas familias aldeanas sufrían la carestía de alimentos, vestimentas y, sobre todo, de un lugar decente donde residir (Fig. 3.1).

Fig. 3.1. J. Buceta. *Vigo. Faenas típicas de Galicia,* tarxeta postal, fototipia: 134 x 87 mm, 1906-1918, http://biblioteca.galiciana.gal/es/consulta/registro.do?id=577628.

Carmen Rodríguez creció con su madre Generosa y sus hermanas Asunción, Elisa, Aurora y Mercedes en una casucha rústica de madera. Su techo era de paja y su entrada apenas dejaba espacio para dos personas. La calidad de los materiales de construcción y la ausencia de comodidades resaltaban a la vista de cualquier observador.

Alrededor de 1982, mi madre Hilda y mis tíos Pablo, Elena y Rosa Giráldez me llevaron a visitar la choza de mi bisabuela, y pude constatar la humildad del hogar. Años más tarde —corría el año 2000—, mi mamá regresó con mi prima Sisa, y los nuevos dueños les enseñaron las reformaciones que habían hecho.

En 1851, Generosa se mudó con sus hijas a otra casita que, aunque también modesta, estaba en mejor estado (Fig. 3.2).

Fig. 3.2. Segunda casa de mi tatarabuela Generosa Rodríguez y mi bisabuela Carmen en Valeixe (A Cañiza, Pontevedra, Galicia, España). Cortesía de Pablo Giráldez.

Ya en el nuevo domicilio, los padres de Generosa, José y Jesusa, habían fallecido. Como dato curioso, puede agregarse que en la sociedad gallega, la vida y la muerte eran inseparables. Cuando un miembro fallecía, su muerte afectaba a los demás habitantes y se les daba a conocer a través de las campanas de la iglesia. Así pues, los velorios y vigilias tenían un carácter alegre y contaban con la participación de todo el pueblo. Generalmente, los feligreses pasaban la noche comiendo y bebiendo.

Esta ceremonia, heredada de los ancestros, se practicaba en cada fallecimiento. Los seres queridos del difunto llevaban su féretro desde su casa a la iglesia, que representaba el paso del mundo de los vivos al de los muertos. Después de la misa, el destino final era el cementerio. En cambio, este rito no concluía con el entierro (S. López 2022).

En Galicia, existen diferentes manifestaciones materiales para no olvidar a los muertos. Una de estas, los *petos de ánimas*, son monumentos arquitectónicos de piedad popular para honrar a las ánimas o almas que esperan su liberación en el purgatorio y rogar por ellas (Curras 1983, 6-10).

Los *petos de ánimas* se hallan en los caminos, encrucijadas e iglesias de Galicia y el norte de Portugal (Fig. 3.3).

Fig. 3.3. Peto de ánimas del cruceiro de Mañufe (Gondomar, Pontevedra, Galicia, España). Cortesía de Ro Fernández.

Cuentan que, siendo de noche, si te cruzas con algunos de los abundantes petos de ánimas que hay a lo ancho y largo del municipio de A Cañiza, no debes mirar atrás.

«O devandito di: Anda de día que a noite es miña. A viaxe ao máis aló onde as almas en pena crúzaschas no camiño e non atoparán a luz ata que ti véxalas… Crer ou non crer, iso depende de ti.»

«El dicho dice: Anda de día que la noche eres mía. El viaje al más allá donde las almas en pena te las cruzas en el camino y no encontrarán la luz hasta que tú las veas… Creer o no creer, eso depende de ti» (Márquez 2021).

◆◆◆

A pesar de las duras circunstancias que enfrentaba la población rural de Galicia, las fiestas eran una prioridad en su mundo. Estas se conectaban con el calendario agrario, y permitían un breve descanso de las tareas del campo (Bouza 2020, 199).

Acerca de la influencia de las fiestas en la vida del campo, Juan Rivero (1905, 42-43) dijo:

> «La vida gallega es alegre; silenciosa y apacible en el campo mientras duran las labores agrícolas, renace la alegría con la llegada del mes de Junio. Cuando la tierra alcanza la plenitud de su hermosura, se inician las fiestas en toda la región, se multiplican y acumulan hasta que Septiembre nos reintegra en la normalidad».

Del mismo modo, las iglesias servían como punto de reunión, mientras que las misas dominicales permitían a los vecinos compartir y dar una oportunidad a los jóvenes para enamorarse.

Además, los habitantes de las parroquias disfrutaban reunirse en su tiempo libre. Los hombres iban a las tabernas, los mesones y los bodegones a beber, comer, fumar y jugar a los naipes. Y las féminas sociabilizaban en los lavaderos (Fig. 3.4) y en otros lugares y pasaban el rato comentando los cuentos del día a día (Sisa Fernández, mensaje de texto a la autora, 28 de octubre de 2019).

Fig. 3.4. *[Tui]. Caldelas de Tuy. Lavadero a orillas del Mino [sic]*, fotografía (tarxeta postal): fotogravado cor; (antes de 1906), http://biblioteca.galiciana.gal/es/consulta/registro.do?id=9198.

En su novela *Gallego*, el narrador y ensayista cubano Miguel Barnet (1998, 19) ilustró los pasatiempos de Manuel, un campesino de una aldea gallega:

> Al gallego le gusta contar historias. Como no había ni cine, radio ni nada, había que hablar. Y al gallego le gusta contar historias, a veces exageradas, como es su imaginación, pero son historias que se oyen para uno no quedarse toda la noche mirando a la pared. Mi aldea pertenecía a la provincia de Pontevedra [...] Era muy húmeda, siempre estaba lloviendo, una lluvia fina [...] la vida era igual; de la misa al campo de labranza y a tirar voladores si inventaban una verbena al año en fecha de San Juan o de San Roque, o si no por las romerías, que si abundaban por todas partes y alegraban mucho a la gente.

◆◆◆

Mi tatarabuela Generosa y sus hijas asistían todos los domingos a la iglesia de Santa Cristina de Valeixe (Fig. 3.4). Las muchachas charlaban con sus amigas; y si la madre miraba hacia otro lado, flirteaban con los mozos.

Fig. 3.4. Iglesia de Santa Cristina de Valeixe (A Cañiza, Pontevedra, Galicia, España). Cortesía de Olivia Salinas.

Dicen que, en una de las misas, Carmen conoció a Juan, un chico de quien se enamoró perdidamente. Tras un breve romance, la pareja tuvo tres hijas: Angustias, mi abuela; Amparo y María de los Dolores. El joven se negó a formalizar la relación y a darle su apellido a las niñas. Y, como si se repitiera el ciclo en esta rama de la familia, las pequeñas llevaron solo el apellido materno Rodríguez (Mimí Valdés, en conversación con la autora, 16 de marzo de 2019).

Físicamente, mi bisabuela era de baja estatura, llena de carnes, con tendencia a la robustez, cara bonachona, ojos vivarachos y cabello crespo (Fig. 3.5).

Fig. 3.5. Mi bisabuela Carmen Rodríguez y mi tía Rosa (Madrid, 1931). Cortesía de Rosa Giráldez.

Carmen Rodríguez vestía sencillo y sabía llevar su pobreza con dignidad. El nivel escolar apenas rebasaba el segundo grado, mas su inteligencia la ayudó a afrontar situaciones adversas. De su progenitora, heredó la fortaleza de espíritu y el desafío al estigma de ser hija de madre soltera. Todo esto forjó su carácter fuerte y luchador para sacar adelante su familia.

Al igual que Generosa, Carmen Rodríguez enseñó a sus niñas los principios religiosos, y los buenos modales. No obstante, su carácter resentido la hizo actuar, en ocasiones, de forma injusta con quienes consideró ajenos a su sangre. Pero con los suyos, se manifestó honesta y tiernamente.

En 1931, el destino la condujo a Madrid, donde residió hasta 1936. Regresó a Valeixe después de la Guerra Civil Española.

Carmen se despidió del mundo el 15 de agosto de 1947, a los ochenta y dos años. Y retomando las palabras del escritor español Miguel de Unamuno (1864-1936): «nuestra vida es una esperanza que se convierte continuamente en memoria, y la memoria engendra esperanza», mi bisabuela Carmen Rodríguez daba comienzo a la línea materna de la familia Giráldez-Rodríguez.

Capítulo 4
DALMACIO

El cuerpo canta;
la sangre aúlla;
la tierra charla;
la mar murmura;
el cielo calla
y el hombre escucha.

MIGUEL DE UNAMUNO
(El cuerpo canta)

Dalmacio Cipriano Giráldez Buceta, mi abuelo y el bisabuelo de mis hijos Olivia y Alex, nació el 9 de diciembre de 1881. El niño fue bautizado el 26 de ese mes en la iglesia parroquial de Santa Cristina de Valeije (ver anexo 2).

Infancia y juventud en España: 1881-1912

En la época de mi abuelo Dalmacio, la revolución industrial seguía en pleno auge. La primera línea de tren española se inauguró en 1848, y cubría la distancia entre Barcelona y Mataró. En cambio, no fue hasta septiembre de 1873 que se inició la comunicación ferroviaria gallega con el trayecto Santiago-Carril (Carlos Fernández 2008).

Pese al atraso económico, en Galicia hubo iniciativas que favorecieron el desarrollo de la información. El movimiento *Rexurdimento* continuó ganando fuerza. En 1880, se publicaron *Follas novas,* de Rosalía de Castro; *Aires da niña terra*, de Curros Enríquez; *Saudades gallegas*, de Lamas Carvajal; y, seis años después, *Queixumes dos pinos*, de Eduardo Pondal (Rivero 1905,65-70).

Este florecimiento cultural influyó en la educación que recibieron Dalmacio y sus hermanas Elisa y Marina. Desde pequeño, Giráldez mostró un interés ferviente por aprender, que lo acompañaría toda la vida.

La familia de Dalmacio era acomodada, lo cual permitió que el chico cursara estudios. A los diez años, Benito Giráldez se lo llevó para Vigo y le contrató un profesor particular. El niño era muy inquieto, y no atendía al maestro, por lo que su padre decidió enviarlo a un colegio. Posteriormente, Dalmacio matriculó en el Colegio de la Coruña para estudiar el Bachillerato y se graduó el 22 de julio de 1901.

Don Benito quería que el vástago fuera militar; entonces, él y su hermano Román enviaron a sus hijos a la Escuela Naval Militar del Ferrol, en la Coruña. Dalmacio y su primo Domiciano, hijo de Román y futuro esposo de Elisa Giráldez, se negaron y escaparon a Madrid. Más adelante, Domiciano ingresó en la mencionada academia.

Como Dalmacio Giráldez Buceta había contrariado la voluntad paterna, no recibía ayuda económica. Sin embargo, su hermana Elisa, a escondidas del padre de ambos, le hacía llegar las mesadas que el progenitor le asignaba a ella. En su estancia en Madrid, encontró trabajo en el Laboratorio Villegas. Allí se le despertó el interés por la carrera de Farmacia; de ahí que, después del trabajo y en sus ratos libres, estudiaba de forma independiente, y solo acudía a la universidad para examinarse.

Con ese dinero, el salario en el laboratorio, y su tenacidad, Dalmacio Giráldez se presentó a los exámenes por su cuenta y terminó sus estudios. El 19 de julio de 1906, se graduó de doctor en Farmacia en la Universidad de Santiago de Compostela. También obtuvo el título de Piloto de Navegación, aunque nunca ejerció ese oficio, ni sabemos la fecha de tal graduación (Rosa Giráldez, en conversación con la autora, 5 de agosto de 2008).

En el laboratorio madrileño donde trabajaba, Dalmacio padeció la desdicha de perder un ojo, a causa de un accidente técnico: mientras manipulaba un producto químico, se llevó la mano a un ojo y se lo frotó. El producto le dañó el ojo y lo perdió. A partir de ese momento, debió usar un ojo de vidrio. Irónicamente, fue el dueño de aquel laboratorio, Villegas, quien lo recomendó a unos amigos de igual profesión en Cuba, y así se le abrió una nueva perspectiva.

Por añadidura, Giráldez se interesó por la política y se vinculó con diversas organizaciones progresistas desde muy joven. El 27 de diciembre 1902, el periódico republicano *El País*, mencionaba su afiliación a uno de los grupos de la Federación Revolucionaria en Madrid.

En cuanto a su físico, Dalmacio Giráldez Buceta era «guapo» —en el sentido romántico—, alto, robusto, ostentaba un rostro varonil y una mirada inteligente. Su semblante trasmitía cierta nobleza y un misterioso encanto. Pero su mayor atractivo se hacía evidente en su vasta cultura y su bondad infinita (Fig.4.1).

Fig. 4.1. Mi abuelo Dalmacio Giráldez Buceta (Madrid, 1920).
Cortesía de Elena Giráldez.

Los Carnavales de 1903 en Vigo

El martes 24 de febrero de 1903 se celebraban los Carnavales de Vigo. En plena festividad, un policía y una persona disfrazada tuvieron un altercado. A continuación, un grupo de los presentes insultó al agente. El jefe de la Policía se involucró en los hechos y, golpeándolo con su sable, hirió a uno de los asistentes; y luego pidió ayuda a la Guardia Civil. La multitud hirió a los guardias, estos respondieron con una descarga de fusiles que causó dos muertos —un niño de catorce años y uno de los disfrazados en la discusión inicial— además de varios heridos.

Dalmacio Giráldez estaba cerca; al escuchar los disparos, salió a socorrer a los lesionados. Su participación quedó reflejada en la página 335 del libro de Xoan Abad Gallego *Dias Negros. Crónica lutuosa dalgúns dos feitos que encheron de dor e morte o sur da provincia de Pontevedra* (2016, 329-342).

Asimismo, *El Eco de Santiago*, en su edición del 28 de febrero de 1903, informó lo siguiente:

Los primeros auxilios

Conócense los nombres de dos de las personas que prestaron los primeros auxilios a los que cayeron heridos por la descarga hecha en la plaza.

Son aquellos los señores D. Dalmacio Giráldez, estudiante de Farmacia y D. Enrique Morado, empleado de la Escuela Superior de Industrias.

Ambos obraron heroicamente, lanzándose en auxilio de las victimas, sin arredrarse ante las consecuencias de su caricativa acción, cuando no se sabía aún si continuaría el fuego.

Respecto de la conducta del Sr. Giráldez dice el «Noticiero de Vigo»:

D. Dalmacio Giráldez es el heroico joven que llamó la atención por su comportamiento en el instante del fuego.

Es Giráldez estudiante de primero y segundo de Farmacia en la Universidad de Santiago.

Es Dalmacio alto y delgado. Tiene 21 años.

Iba de capa cuando ocurrieron los sucesos.

Su íntimo amigo, el profesor auxiliar del Colegio de María Auxiliadora D. Francisco Sánchez, nos da cuenta de los actos de Dalmacio en los más apurados momentos.

Cuando Giráldez, que estaba cerca de los guardias, oyó la voz de fuego, se interpuso entre los fusiles y la turba y gritó

—¡Matadme a mí, pero no disparéis sobre el pueblo!

Dos guardias levantaron entonces los fusiles, pero otros dispararon.

Después Giráldez corrió al lugar donde habían caído el muerto y los heridos y prestó los servicios de que hacemos mención en otro lugar de la información.

El Sr. Sánchez comprendiendo que podía temerse a otras descargas, quiso apartar a Giráldez de aquel sitio.

No lo consiguió a pesar de calificar de temeraria la obra de Dalmacio.

El Eco de Santiago, 28 de febrero de 1903 (Fig. 4.2):

Los primeros auxilios.

Conócense los nombres de dos de las personas que prestaron los primeros auxilios á los que cayeron heridos por la descarga hecha en la plaza.

Son aquéllos los Sres. D. Dalmacio Giraldez, estudiante de Farmacia y D. Enrique Morado, empleado de la Escuela Superior de Industrias.

Ambos obraron heróicamente, lanzándose en auxilio de las víctimas, sin arredrarse ante las consecuencias de su caritativa acción, cuando no se sabía aún si continuaría el fuego.

Respecto de la conducta del Sr. Giráldez dice el «Noticiero de Vigo»:

D. Dalmacio Giráldez. Es el heróico jóven que llamó la atención por su comportamiento en el instante del fuego.

Es Giráldez estudiante de primero y segundo curso de Farmacia en la Universidad de Santiago.

Su padre fué Comandante mayor en Vigo y en la actualidad es coronel retirado.

Es Dalmacio alto y delgado. Tiene 21 años.

Iba de capa cuando ocurrieron los sucesos.

Su íntimo amigo, el profesor auxiliar del Colegio de María Auxiliadora D. Francisco Sánchez, nos da cuenta de los actos de Dalmacio en los más apurados momentos.

Cuando Giráldez, que estaba cerca de los guardias, oyó la voz de fuego se interpuso entre los fusiles y las turbas y gritó:

—¡Matadme á mí, pero no disparéis sobre el pueblo!

Dos guardias levantaron entonces los fusiles pero otros dispararon.

Después Giráldez corrió al lugar donde habían caído el muerto y los heridos y prestó los servicios de que hacemos mención en otro lugar de esta información.

El Sr. Sánchez, comprendiendo que podía temerse á otras descargas, quiso apartar á Giráldez de aquel sitio.

No lo consiguió á pesar de calificar de temeraria la obra de Dalmacio.»

Fig. 4.2. *El Eco de Santiago* (Santiago de Compostela), 28 de febrero de 1903, https://prensahistorica.mcu.es/es/consulta/registro.do?id=11000287203.

El suceso en los carnavales trajo consigo que, el 28 de febrero de 1903, los habitantes de Vigo iniciaran una huelga con miras a que los culpables pagasen por sus crímenes y se indemnizara a las familias de los fallecidos. Ese día se suspendieron las festividades del fin de semana.

En relación con este acontecimiento, Benedicta Rodríguez, prima de mi abuela Angustias, le comentaba en una carta a Giráldez:

> «¿Te acuerdas de los carnavales de 1903 en Vigo en que por tu valentía las señoritas te han puesto artículos en los periódicos? "Al joven Dalmacio Giráldez Buceta hay que tirarle las coronas de maíz y laurel". Yo no lo he olvidado y lo cuento muchas veces». (Benedicta Rodríguez, carta a Dalmacio Giráldez, 1.º de septiembre de 1956)

De esta manera, germinaba el afán de don Dalmacio de hacer el bien, puesto que, como expresara la poetisa gallega Rosalía de Castro (1837-1885): «hierve la sangre juvenil, se exalta lleno de aliento el corazón, y audaz el loco pensamiento sueña y cree que el hombre es, cual los dioses, inmortal».

◆◆◆

Unos años después, el 28 de Julio de 1908, el diario español *El Eco de Santiago*, publicó una anécdota que refleja el ímpetu juvenil de mi abuelo (Fig. 4.3):

> Días pasados fué detenido por la Guardia civil en la estación de Redondela el farmacéutico de Valeije, (Cañiza), D. Dalmacio Giráldez Buceta, por haber dado una bofetada al jefe de dicha estación señor Maestú.

Días pasados fué detenido por la Guardia civil en la estación de Redondela el farmacéutico de Va'eije, (Cañiza) D. Dalmacio Giráldez Buceta, por haber dado una bofetada al jefe de dicha estación señor Maestú.

Fig. 4.3. *El Eco de Santiago* (Santiago de Compostela), 28 de Julio de 1908, https://prensahistorica.mcu.es/es/consulta/registro.do?id=11000289390.

Capítulo 5
LA PERLA DE LAS ANTILLAS

Caminante, son tus huellas
el camino y nada más;
Caminante, no hay camino,
se hace camino al andar.

ANTONIO MACHADO
(Caminante, no hay camino)

En una fecha que desconocemos con exactitud, pero nunca posterior a 1912, Giráldez viajó a Cuba. Ahí, adquirió una farmacia en Baracoa en la Plaza de la Victoria no 7, apartado 41, que le dio el nombre de Farmacia del Dr. D. Giráldez.

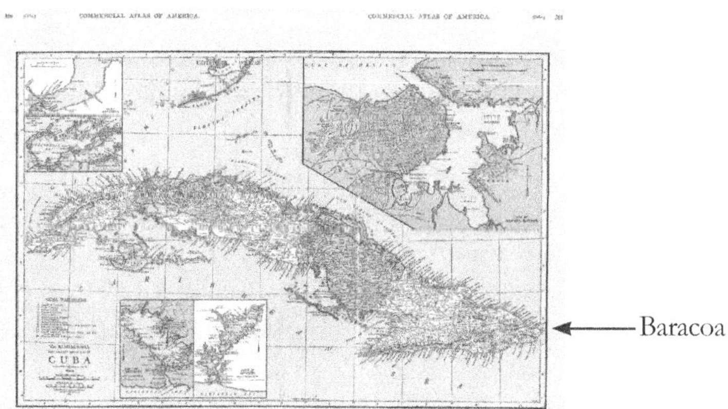

The Rand McNally New Library Atlas Map of Cuba (Mapa de Cuba). Reimpreso con permiso de Alabama Maps, Historical Maps of Cuba, por Rand McNally and Company, 1912. Obtenido de http://alabamamaps.ua.edu/. Copyright © 2011-2023.

Nuestra Señora de la Asunción de Baracoa, la villa primada de Cuba, está situada en la costa norte de la antigua provincia de Oriente, en el extremo este de la Isla. Según el censo inmediato anterior al de su llegada, el de 1907, la villa contaba con 27 852 habitantes. Doce años después, el censo de 1919 reportaría 31 884 habitantes (Baracoa.org, s. f.).

Entre 1914 y 1931, en la villa de Baracoa tuvo lugar un período de prosperidad gracias a la exportación de frutas hacia los Estados Unidos y las Bahamas (García 2008, 35). Deducimos que este auge motivó a Dalmacio para comprar su primera farmacia. Mi abuelo poseyó la farmacia durante catorce años, a pesar de que a su padre no le gustaba que su hijo viviera en la mayor de las Antillas en la parte de Baracoa, Cuba.

Ahora bien, desconocemos cómo Dalmacio Giráldez logró reunir el capital inicial. Es posible que mi abuelo guardara una parte del dinero que le mandaba su hermana Elisa, a escondidas de su padre. También puede haber ahorrado el salario que ganaba en los Laboratorios Villegas. Otra posibilidad es que obtuviese un préstamo del Banco N. Gelats y Compañía o del Royal Bank of Canada, puesto que, para 1932, mi abuelo ya poseía cuentas corrientes en estos. Ambos bancos operaban en la Isla desde antes de 1912.

En el mismo año que obtuvo la farmacia en Baracoa, Dalmacio compró una casa en La Habana. Con semejante incentivo, en 1915, hizo su primer viaje a los Estados Unidos, para allí adentrarse en el mundo de los negocios y las inversiones comerciales.

El primogénito

Todo parece indicar que hasta 1926, Dalmacio Giráldez Buceta alternó su vida entre Baracoa y La Habana. En Baracoa, se vinculó a varias actividades de las que se hizo referencia en el periódico oficial de *Diario de la Marina*, el 15 de agosto de 1914 y el 9 de septiembre de 1914.

En la primera villa de Cuba, mi abuelo Dalmacio tuvo relaciones amorosas con una cubana cuyo nombre desconocemos y con la cual se iba a casar. La joven había quedado embarazada y falleció en el parto. Como resultado de esas relaciones, el 1.º de mayo de 1919 nació en la capital de la Isla su hijo Pablo (Elisita Giráldez, en conversación con la autora, 10 de agosto de 2016).

Es muy poco lo que sabemos sobre el nacimiento y la niñez de Pablo. Según la documentación oficial, vino al mundo en la casa ubicada en la calle Bolívar, número 131. El niño no sería inscripto en el Registro Civil del Sur sino siete años después, el 5 de mayo de 1926.

Cuando esto ocurrió, Dalmacio Giráldez había contraído matrimonio con Angustias Rodríguez, y ella había dado a luz a las dos primeras hijas de ambos: Hilda y Elena.

Un dato interesante es que en Cuba, las inscripciones de la época se hacían en virtud de la declaración del padre. La madre no tenía que concurrir ni, mucho menos, el niño. Además, registraban a los niños después del nacimiento; en ocasiones, este trámite podía demorar hasta uno o dos años. Actualmente, se registra al recién nacido en el mismo hospital. Están seguros de quien es la madre, pero no del padre (Enrique López Mesa, correo electrónico a la autora, 22 de noviembre de 2017).

En la fecha citada (5 de mayo de 1926), Dalmacio y Angustias registraron a Pablo como hijo de ambos, con los apellidos Giráldez Rodríguez (Fig. 5.1). Así, comenzó una curiosa subtrama de esta historia, en la cual el joven Pablo vivió años creyendo que Angustias era su madre, como mismo lo pensaron las tres hijas biológicas de Dalmacio y Angustias.

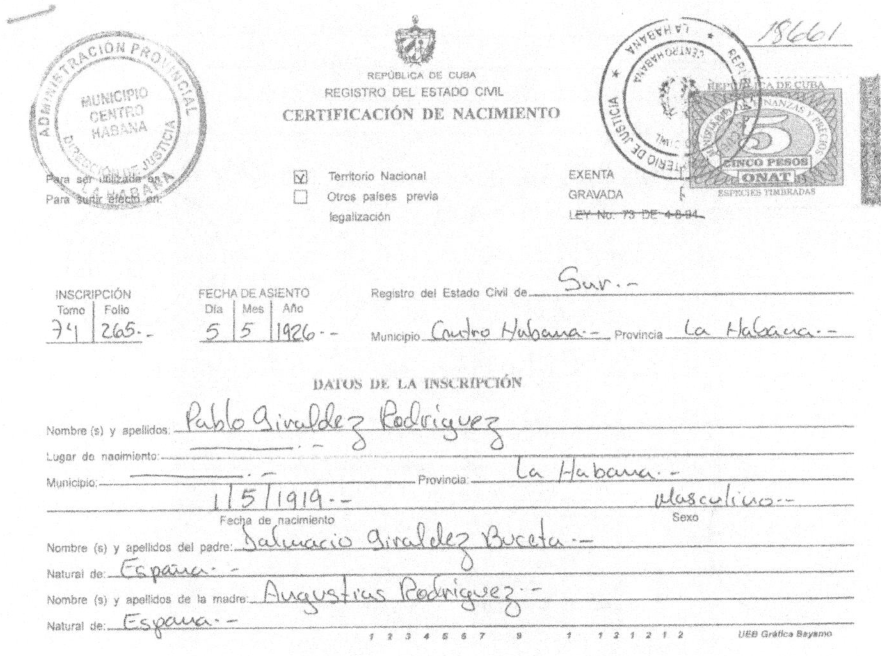

ADMINISTRACIÓN PROVINCIAL
MUNICIPIO CENTRO HABANA
DIRECCIÓN DE JUSTICIA

18661

REPÚBLICA DE CUBA
REGISTRO DEL ESTADO CIVIL
CERTIFICACIÓN DE NACIMIENTO

Para ser utilizada en: [X] Territorio Nacional
Para surtir efecto en: [ ] Otros países previa legalización

EXENTA
GRAVADA
~~LEY No. 73 DE 4-8-94~~

REPÚBLICA DE CUBA
5
CINCO PESOS
ONAT
ESPECIES TIMBRADAS

INSCRIPCIÓN		FECHA DE ASIENTO		
Tomo	Folio	Día	Mes	Año
74	265.-	5	5	1926.-

Registro del Estado Civil de: Sur.-
Municipio: Centro Habana.- Provincia: La Habana.-

DATOS DE LA INSCRIPCIÓN

Nombre (s) y apellidos: Pablo Giraldez Rodriguez
Lugar de nacimiento: ———.-
Municipio: ———.- Provincia: La Habana.-
1/5/1919.- Masculino.-
Fecha de nacimiento Sexo
Nombre (s) y apellidos del padre: Dalmacio Giraldez Buceta.-
Natural de: España.-
Nombre (s) y apellidos de la madre: Angustias Rodriguez.-
Natural de: España.-

UEB Gráfica Bayamo

Fig. 5.1. Certificación de nacimiento de Pablo Giráldez Rodríguez. Cortesía de Enrique López Mesa.

Según los datos cronológicos de que disponemos, Angustias y Dalmacio contrajeron matrimonio en 1924; y en 1925, mi abuela parió las primeras hijas: las mellizas Hilda y Elena, que habían sido debidamente inscriptas. Sin embargo, no sería hasta 1926 que registrarían de forma oficial a mi tío Pablo. Y, al comparecer en ese acto legal, Angustias se declararía madre, y le concedió el segundo apellido: Rodríguez.

Suponemos que mi abuelo aplazó la inscripción de Pablo hasta tanto no apareció Angustias en el «horizonte». Al parecer, no le fue fácil convencerla para que asumiera una maternidad que no era real. Angustias adoró al niño; igualmente, su cariño fue correspondido (Fig. 5.2).

Fig. 5.2. Mi abuela Angustias Rodríguez y mi tío Pablo (La Habana, 1925). Cortesía de Pablo Giráldez.

Masón y ciudadano cubano

La masonería existe desde tiempos remotos. Es una organización internacional que ha estado integrada por hombres que comparten el deber de apoyarse en la amistad, el compañerismo y el servicio a la humanidad. Sus miembros han incluido reyes, presidentes, eruditos y personalidades religiosas. En Cuba, reunió a importantes líderes de la historia como José Martí, Antonio Maceo, Máximo Gómez, Ignacio Agramonte, Carlos Manuel de Céspedes y otras figuras relevantes del independentismo (E. Fernández 2019).

En su afán de ayudar al prójimo, Dalmacio Giráldez ingresó en la Logia Obreros de Oriente el 28 de diciembre de 1922 (ver anexo 3). Dos años después, el 19 de marzo de 1924, obtuvo la ciudadanía cubana (Fig. 5.3). Y el 29 de agosto de 1925, recibió su primer pasaporte cubano (ver anexo 5).

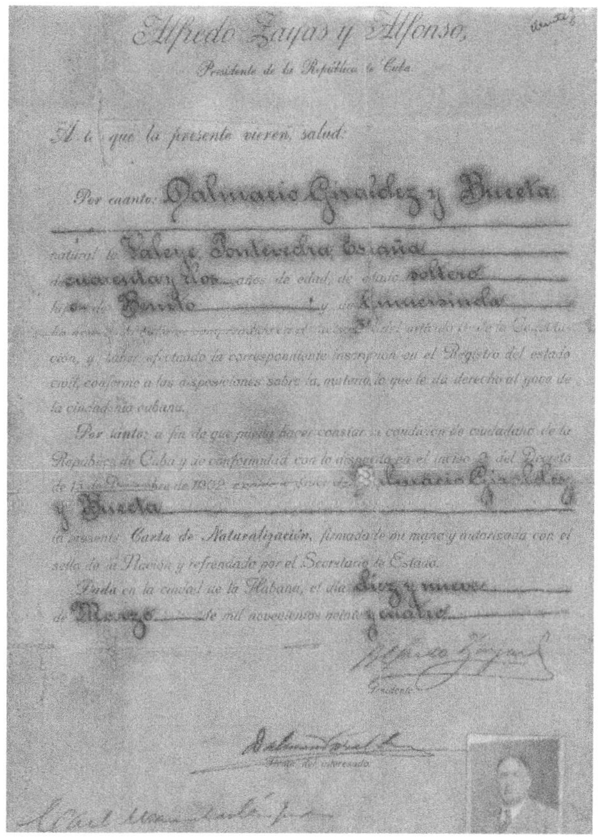

Alfredo Zayas y Alfonso,
Presidente de la República de Cuba

A los que la presente vieren, salud:

Por cuanto: Dalmacio Giráldez y Buceta
natural de Valeje, Pontevedra, España
de cuarenta y dos años de edad, de estado soltero
hijo de Benito y de Gumersinda
ha [illegible] del artículo [illegible] de la Constitución, y haber efectuado la correspondiente inscripción en el Registro del estado civil, conforme a las disposiciones sobre la materia, lo que le da derecho al goce de la ciudadanía cubana.

Por tanto: a fin de que pueda hacer constar su condición de ciudadano de la República de Cuba y de conformidad con lo dispuesto en el inciso [illegible] del Decreto de 15 de Diciembre de 1902, expido a favor de Dalmacio Giráldez y Buceta
la presente Carta de Naturalización, firmada de mi mano y autorizada con el sello de la Nación y refrendada por el Secretario de Estado.

Dada en la ciudad de la Habana, el día diez y nueve de Marzo de mil novecientos veinte y cuatro.

Presidente

Firma del interesado

Fig. 5.3. Carta de Naturalización de Dalmacio Giráldez Buceta, 19 de marzo de 1924.
Cortesía de Hilda Giráldez.

Donativo a Rosario de Acuña y Ángeles López de Ayala

Desde 1881, se publicaba en la capital española el periódico *El Motín*, que se autodefinía como semanario satírico, republicano y anticlerical, cuyo conductor era el periodista José Nakens Pérez (1841-1926). En su época, este semanario se consideraba el periódico anticlerical por excelencia. Dalmacio Giráldez era suscriptor de esa publicación y la recibía en Baracoa. Esa preferencia suya, de por sí, refuerza sus ideas políticas y sociales.

Por las páginas de *El Motín*, Dalmacio Giráldez tuvo noticias acerca de las penurias económicas por las que atravesaban las escritoras españolas Rosario de Acuña y Villanueva (1850-1923) y Ángeles López de Ayala (1858-1926). Las dos fueron figuras polémicas: librepensadoras, republicanas, vanguardistas y luchadoras por la igualdad social de la mujer en la sociedad española entre los siglos XIX y XX.

Giráldez envió un donativo a Rosario de Acuña y Ángeles López de Ayala por intermedio del semanario madrileño. En la edición de *El Motín* del 3 de julio de 1920, José Nakens, bajo el título «Encargo Cumplido», dijo:

> Fechada el 15 del mes último en Ribadavia recibí una carta en que D. Marcelino Montero me giraba 500 pesetas por orden de su pariente D. Dalmacio Giráldez, residente en Cuba. Cobré el cheque y no toqué á la cantidad hasta enterarme del concepto en que me enviaba, pues la persona aludida, farmacéutico y suscriptor á *El Motín* en Baracoa, no debía nada en esta Administración.
>
> En el último correo de Cuba recibo una carta suya pidiéndome que haga llegar la suma por partes iguales á las señoras doña Rosario de Acuña y doña Ángeles López de Ayala, sin decirles su procedencia.
>
> El miércoles, 30, cumplí su encargo enviándole directamente á doña Rosario 250 pesetas, y por conducto de Fray Gerundio otra suma igual á doña Ángeles.
>
> Doy las gracias al señor Giráldez por haberme encargado esta simpática comisión, y le ruego que me perdone por no haber cumplido su deseo en cuanto á la ocultación de su nombre.
>
> Las acciones nobles y generosas deben divulgarse aun contra la voluntad del que las realiza, para que los favorecidos puedan escribir su nombre en el libro de la gratitud, cualidad que sólo se alberga hoy en los corazones escogidos.

En la primera plana del número de 18 de septiembre de 1920, José Nakens publicó la misiva de agradecimiento de Rosario Acuña a Giráldez. A la carta le antecedía esta nota dirigida a doña Rosario de Acuña:

> No creo que se enfade usted conmigo, mi buena amiga, por contrariar sus deseos, que tratándose de otro asunto fueran órdenes para mí. Publico la carta que usted dirige á don Dalmacio Giráldez, de Baracoa, sin obtener antes su permiso. Publiqué la que él me dirigió desoyendo sus ruegos de que no lo hiciese, por creer que su acción generosa debía ser conocida, y por la misma razón inserto la que usted le dirige demostrándole su agradecimiento. Reconozco y confieso la falta que entonces cometí, pero me arrepiento del modo que usted ve: agravándola ahora con la reincidencia.

Carta de doña Rosario Acuña a Dalmacio Giráldez:

Sr. D. Dalmacio Giráldez.
Baracoa (Cuba).

Muy amigo mío: Desde que recibí el donativo de *250 pesetas* que tuvo usted la bondad de remitirme, por conducto del señor Nakens, no hubo un día que no tuviese la pluma en la mano para escribirle... Mas siempre me decía: ¿Qué le digo yo ¡pobre de mí! que sea capaz de expresar la honda emoción de gratitud, de asombro y á la vez de remordimiento, que todo esto á un tiempo sentía ante su noble acción? El agradecimiento no puede conocerle bien sin estar enterado minuciosamente de las circunstancias en que vivo, que son realmente más crueles que las de una miseria total. El asombro tampoco puedo expresarlo bien, porque sin duda, nunca de las nobles condiciones humanas, de tal manera, en el presente, el egoísmo ha saltado sobre todas las tendencias bondadosas de la humanidad, que apenas se puede comprender que exista alguien que deje obrar en él la generosidad y el altruismo, siendo acaso el *uno* por *millón* de séres capaces de saber apreciar las vicisitudes ajenas; y el remordimiento apenas puedo decirlo, pues estoy profundamente convencida de que yo no soy todo lo acreedora á esta clase de donativos, habiendo tantos séres que viven y mueren en lucha continua contra las fuerzas regresivas humanas, y nadie, nunca les dio ayuda, consuelo ó amparo.

En cuanto á los méritos de mi propaganda, yo no hice mas que satisfacer *una necesidad* de mi espíritu.

Todo este estado de confusión [...], se amontonaba al querer escribirle, y, por encima veía el deseo de usted, de que su acción no se conociese, y esto indica un tan altísimo pudor de inteligencia, que he temido, y temo, que hasta le moleste la manifestación de mi gratitud por que rasgos como el suyo acusan un espíritu profundo y racional, y el bien, el favor la ayuda, el amparo ó la protección, que ejercen almas tan selectas, suelen no buscar ni querer otra más recompensa que la satisfacción íntima de haberlas realizado.

De todos modos, [...], mi voluntad es manifestarle lo más sinceramente posible mi [...] reconocimiento y desearle que su corazón y su inteligencia caminen siempre de la mano de la generosidad, virtud exclusiva de las mentes racionales, que hoy yace agoviada por todos los odios, las concupiscencias y los instintos groseros.

Por mediación del Sr. Nakens le envío la presente, porque deseo que él la lea, aunque le ruego no la publique sin que usted le autorice para ello, y tenga la seguridad de que, acordándome siempre de su noble acción, le queda hondamente agradecida su amiga fiel,

ROSARIO DE ACUÑA Y VILLANUEVA
Gijón, 1.º Septiembre 1920.

Tras el texto de la carta de Rosario de Acuña, José Nakens, concluye con estas palabras (Fig. 5.4):

¡Hermosa carta la suya amiga Rosario! Con esta misma fecha, la pongo en el correo para que el señor Giraldez reciba al mismo tiempo que este número ese autógrafo de usted, tan valioso por lo que dice como conmovedor por lo que calla, y para que se convenza de que á mí, que callo tantas cosas, no debe encargárseme que guarde silencio cuando se trata de actos que honran y engrandecen á quien los realiza.

Lo malo es que son pocas las ocasiones que se me presentan para demostrar lo arraigado que tengo el defecto de divulgar todo lo que puede servir de admiración ó de ejemplo.

JOSÉ NAKENS

Fig. 5.4. José Nakens, *El Motín* (Madrid), 18 de septiembre de 1920, https://hemerotecadigital.bne.es. Imágenes procedentes de los fondos de la Biblioteca Nacional de España.

La escritora gallega Concepción Arenal (1820-1893) expresó: «No se pierde el tiempo que se emplea en procurar hacer el bien». Quizá, en consonancia con tal aserto, Dalmacio Giráldez Buceta aprovecharía cada oportunidad futura para hacer el bien al prójimo.

Mapa de Galicia, fotografía. Adaptado con permiso de la empresa Vilatextil Hogar S.L. Copyright © 2023.

Capítulo 6
ANGUSTIAS

Tiene la rosa hermosura,
tiene el clavel gentileza,
tiene el tulipán belleza
y el jazmín tiene blancura.

ROSARIO DE ACUÑA
(A la señora doña L. G.)

Angustias Rodríguez, mi abuela y bisabuela de mis hijos Olivia y Alex, nació el 29 de diciembre de 1888. La niña fue bautizada el 7 de enero de 1889 en la Iglesia de Santa Cristina de Valeije.

La descripción de un fragmento del acta bautismal expone que:

Parroquia Santa Cristina de Valeije (La Cañiza)

En la Iglesia parroquial de Santa Cristina de Valeije de la provincia de Pontevedra, diócesis de Tui, a siete días del mes de enero año de mil ochocientos ochenta y nueve, yo Don Francisco González Ocampo, cura [...] de esta parroquia con el cura regente de la misma Don Máximo Giráldez Estevez, bauticé solemnemente una niña que nació el día veinte nueve del mes de Diciembre del pasado año, púsele el nombre Angustias. Es hija natural de Carmen Rodríguez, soltera, vecina del lugar de la Miñoteira en esta parroquia;
Abuelos maternos Generosa Rodríguez, también soltera.
Y para que conste presento la presente con fecha de hoy.

Máximo Giráldez Estevez

ARCHIVO HISTÓRICO
DIOCESANO
TUI

ACTA LITERAL DE BAUTISMO

Don Avelino Bouzón Gallego, director del Archivo Histórico Diocesano de Tui,

CERTIFICA: Que en el Libro XIV actual (en el Libro consta "17") de Bautizados de la parroquia de Santa Cristina de Valeixe (diócesis de Tui-Vigo, provincia de Pontevedra), depositado en el Archivo arriba mencionado, folio 151 recto, obra la partida de **Joaquín Eduardo Rodríguez**, que transcribe literalmente:

Encabezamiento: "Miñoteira. Angustia Rodríguez, de Carmen, soltera".

Cuerpo: "En la Iglesia parroquial de Santa Cristiana de Valeije, partido judicial de la Cañiza, provincia de Pontevedra, Diócesis de Tuy, a siete días del mes de Enero, año de mil ochocientos ochenta y nueve, Yo Don Francisco González Ocampo, Cura Coadjutor de esta parroquia, con licencia del cura regente de la misma Don Máximo Giráldez Estévez, bauticé solemnemente una niña que nació el día veinte y nueve del mes de Diciembre del pasado año; púsele nombre Angustia, es hija natural de Carmen Rodríguez, soltera, vecina del lugar de Miñoteira, en esta parroquia; abuelos maternos, Generosa Rodríguez, también soltera; fueron padrinos Plácida Paz, soltera, vecina del lugar de Borza, a quien advertí el parentesco espiritual y más obligaciones que contrajo; fueron testigos Don Francisco Lorenzo, Francisco Rodríguez y otros. Y para que conste, firmo la presente con fecha ut supra.
Máximo Giráldez Estévez [rubricado]".

Para que surta los efectos oportunos, firma y sella esta trascripción, que concuerda en todo con el original, en Tui, a 10 de mayo de 2023.

Avelino Bouzón

Archivo Histórico Diocesano, Tui, Acta Literal de Bautismo de Angustias Rodríguez, Don Avelino Bouzón Gallego, director del Archivo Histórico Diocesano de Tui. Libro XIV de Bautizados de la parroquia de Santa Cristina de Valeixe (diócesis de Tuy-Vigo, provincia de Pontevedra).

Tal como se dijo, Angustias era una de las hijas de Carmen Rodríguez. Tuvo dos hermanas, Amparo y María Dolores (Lola).

Sobre su madre Angustias, Rosita, la más joven de sus hijas, comentó:

> Mi mamá era de una familia aldeana muy pobre, casi no tenía preparación (no más de tercer grado), pero la naturaleza la «tocó» con su varita mágica. No solo era muy bonita, sino que tenía una capacidad especial para aprender todo lo bueno, y un don de gente especial. Quienes tuvieron la dicha de conocerla, la recordaban como «una gran dama con señorío».

Y en su novela *Doña Gumersinda*, Carlos Mateo (2012) expresó:

> «Es muy interesante el personaje de Angustias, porque se le supone de muy poca cultura y, sin embargo, tuvo que haber influido en la buena educación y modales de sus hijos».

En lo que concierne a su físico, mi abuela era de cuerpo proporcionado a la medida, bien tallada, y una piel suave como la seda. De tez blanca y mejillas sonrosadas, la expresión dulce de sus ojos castaños daba a su rostro ese aire de humildad tan característico en ella. Vestía discreto, y su ropa sencilla realzaba su elegancia natural y su belleza femenina (Fig. 6.1).

Fig. 6.1. Mi abuela Angustias Rodríguez (Galicia, 1907). Cortesía de Rosa Giráldez.

Angustias Rodríguez se crio en la casita de la Miñoteira con sus hermanas, su madre Carmen, su abuela Generosa y sus tías Elisa y Mercedes. Desde niña, se distinguía por su inteligencia natural, pasión por ayudar al prójimo y nobleza de carácter. Aunque apenas terminó sus estudios primarios, su escasa educación no impidió que aprendiera con facilidad y se adaptara con rapidez a los nuevos cambios.

Al igual que Generosa, Angustias tuvo la desdicha de ser muy enfermiza. Los catarros se le complicaban con el asma y, por ende, le duraban mucho tiempo. La fortaleza de su sangre ayudó a mi abuela a sobreponerse a las enfermedades.

Además de la carencia de medios, ella y sus hermanas se educaron sin un padre que las apoyara en el sustento familiar o les brindara amor. No obstante, el cariño de su línea materna compensó al progenitor ausente. Las jóvenes supieron llevar con dignidad el apellido Rodríguez y enfrentar el oprobio de ser hijas de madre soltera. Del mismo modo, Carmen y Generosa se encargaron de que las niñas mostraran una conducta cristiana.

Su madre Carmen se dedicaba a coser para la calle. Y sobre el oficio de las costureras, la perla de Galicia, Rosalía de Castro, expresó su alta opinión en el poema *Miña Santiña* de *Cantares gallegos* (Castro 1909, 38).

Mans de señora,	*Manos de señora,*
mans fidalgueiras	*manos hidalgas,*
teñen todiñas	*tienen toditas,*
as costureiras;	*las costureras;*
baca de reina,	*boca de reina,*
corpo de dama,	*cuerpo de dama,*
cómprelle a seda,	*le queda bien la seda,*
foxen da lama.	*huyen del lodo.*

Por otra parte, Carmen enseñó a las muchachas la responsabilidad en los quehaceres domésticos. Las chicas aprendieron a bordar manteles, sábanas, ropas y ocuparse de la casa. Cuando no iban a la escuela, se les podía encontrar lavando, limpiando o apoyando en otras tareas hogareñas.

Angustias creció en una familia de arraigadas tradiciones gallegas, lo cual la influyó a lo largo de su existencia. Por consiguiente, ella, su abuela, su madre, sus hermanas y sus tías se reunían con frecuencia en la *lareira*, el espacio principal de la cocina que ellas usaban para cocinar y para calentar la casa. A veces, se les unían los vecinos, compartían, se contaban historias y hacían vida en común. Asimismo, las jóvenes disfrutaban las leyendas y supersticiones acerca de las meigas, mujeres curanderas con poderes mágicos (Fig. 6.2). En ocasiones, repetían ese dicho tan famoso: *eu non creo nas meigas, mais habelas hainas.* «Yo no creo en las brujas, pero haberlas, las hay» (Mimí Valdés, en conversación con la autora, 16 de marzo de 2019).

Fig. 6.2. *Imágen de un souvenir de Galicia con la típica meiga.* Cortesía de Alex Salinas.

Uno de los platos que aprendieron de su abuela Generosa era el *caldo gallego* (Fig. 6.3). Para su preparación, primero, metían en la cazuela lo que «había» por la casa —por lo general, patatas, habas o judías, verduras, y unto de cerdo rancio—. Después de haber dejado las habas en remojo desde el día anterior, las ponían a cocer en agua fría con el unto. Cuando estaban casi cocinadas, agregaban las patatas, cortadas muy menudas. Luego, añadían las verduras y la sal, y lo dejaban cocer. Lo presentaban caliente, en un tazón o *cunca*, en el almuerzo o la cena. Si quedaba suficiente para el día siguiente, lo recalentaban, con lo cual mejoraban su consistencia (Mimí Valdés, en conversación con la autora, 16 de marzo de 2019).

Fig. 6.3. *Caldo galego.* Juan, CC BY-SA 2.0 <https://creativecommons.org/licenses/by-sa/2.0>, via Wikimedia Commons.

Como nota aclaratoria, cabe señalar que el caldo gallego es un caldo típico de la gastronomía de Galicia. De ahí que la poetisa Rosalía de Castro mencionara este plato en *Miña casiña de meu lar*, uno de los poemas de su libro *Follas novas*. La protagonista, una mujer pobre, hace un caldo con todo lo que encuentra en su casa y dice: *Fixen un caldo de groria que me soupo que la mar.* «Hice un caldo gallego que me supo a gloria» (Campra 2021).

A pesar de la falta de electricidad en la aldea, la luminosidad de la luna y los candiles de gas o carburo servían para deleitar las largas noches de verano, y las frías de invierno. Las hijas de Carmen gustaban de charlar mucho; también preferían los juegos de niños, como la comba, la rayuela (o mariola) y cualquiera que inventasen en su imaginación.

En sus vidas adultas, la historia se encargaría de corresponder a Angustias y sus hermanas con un futuro mejor del que tenían predestinado en la aldea. Pues, como expresó el poeta español Antonio Machado (1875-1939): «Si es bueno vivir, todavía es mejor soñar, y lo mejor de todo, despertar».

Foto de Angustias dedicada a Dalmacio (Valeije, 1906).

A mi amigo Dalmacio
Angustias Rodríguez
12-X-1906

Capítulo 7
ANGUSTIAS Y DALMACIO

Por una mirada, un mundo;
por una sonrisa, un cielo;
por un beso ... ¡yo no sé
qué te diera por un beso!

GUSTAVO ADOLFO BÉCQUER
(Rima XXIII)

Dalmacio Giráldez había conocido a Angustias Rodríguez en Valeije, cuando ella tenía solo quince años y él tenía veintidós años. Entre ellos se entabló una amistad, como lo demuestra que, en octubre de 1906, ella le regalara un retrato suyo (ver página 78).

Es probable que entre ellos haya existido algún noviazgo juvenil. Esto pudiera inferirse de la dedicatoria que, un año después, le hiciera de otro retrato suyo:

UNION POSTALE UNIVERSELLE
TARJETA POSTAL — CARTE POSTALE

Dime si te gusta
Te dedico este retrato a mi
querido Dalmacio
Tu siempre
Angustias Rodríguez

Valejie 19 de octubre de 1907

Lo cierto es que Dalmacio trajo a Cuba ambas fotos y las conservó toda su vida. Evidentemente, se había sentido atraído por ella y no la olvidaba. Tiempo después, le pidió que marchara a la Isla, para que lo ayudara con su trabajo en la farmacia baracoense y con la crianza de su hijo Pablo. Angustias aceptó y viajó a Cuba en 1920, acompañada por su hermana menor, María Dolores, más conocida por Lola.

En Baracoa, Angustias se convirtió en la mano derecha de Dalmacio. Ella le pasaba la consulta a la botica y Giráldez preparaba los medicamentos en el laboratorio, detrás del mostrador. Los clientes de la farmacia la llamaban «doctora» y le consultaban sus dolencias. Tal era su encanto e inteligencia que, como modo de agradecimiento, le llevaban frutas, huevos, pollos y otros obsequios. Angustias apoyaba a Dalmacio en lo que podía, es decir, en el trabajo de la farmacia y la crianza de Pablo, el hijo natural de Dalmacio Giráldez Buceta (Rosa Giráldez, en conversación con la autora, 5 de agosto de 2008).

Como dato interesante, cabe señalar que las farmacias cubanas de finales del siglo XIX e inicios del siglo XX, eran lugares para obtener los remedios de los médicos y socializar. Las mismas consistían en edificaciones de una sola planta, un salón de venta, un laboratorio, la rebotica —parte trasera donde se almacenaban los medicamentos listos para la venta— y un almacén o depósito (González 2015).

El trabajo en la farmacia de Baracoa y la cercanía cotidiana propiciaron el romance entre Angustias y Dalmacio. Los enamorados contrajeron nupcias el 5 de noviembre de 1924, en el Registro Civil del Sur, provincia de La Habana. Dalmacio tenía cuarenta y dos años, y Angustias, treinta y cinco.

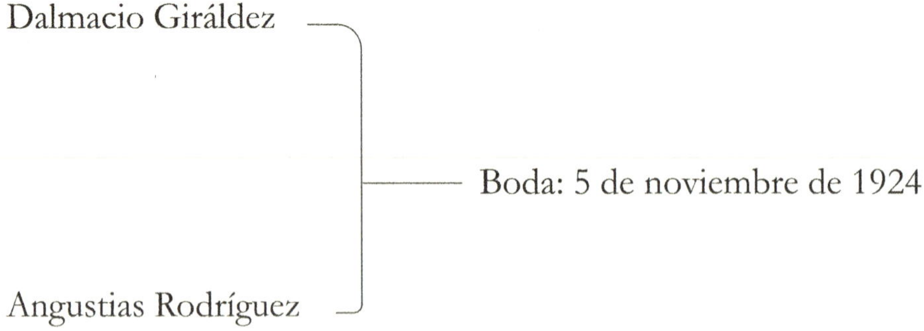

Mi abuelo Dalmacio Giráldez Buceta.

Mi abuela Angustias Rodríguez.

M.H.

---------------DOCTOR ANTONIO CARRILLO DE ALBORNOZ Y PINTO:---------------

Juez Municipal del Sur de la Habana, y Encargado del Registro Civil del mismo

Certifico: que al folio Trescientos sesenta y ocho *del tomo* Treinta y cuatro *de la Sección de* Matrimonios *del Registro Civil de* Este Juzgado *consta la inscripción que copiada literalmente dice así: Número* 261

DALMACIO GIRALDEZ Y BUCETA con ANGUSTIAS RODRIGUEZ:-En la Habana a las ocho y treinta minutos de la mañana del dia cinco de Noviembre de mil novecientos veinticuatro ante el Doctor Antonio Carrillo de Albornoz y Pintó Juez Municipal Primer Suplente del Sur y de Alfredo Menocal Secretario comparecen:a fin de celebrar su matrimonio:Dalmacio Giraldez y Buceta natural de España de cuarenta y dos años de edad,soltero,blanco farmacéutico [illegible] hijo legitimo de Benito y de Casilda,digo,Gumersinda,naturales de España:Y Angustias Rodriguez natural de España de treinta y cuatro años de edad soltera blanca vecina de Reina ciento once hija natural de Carmen Rodriguez natural de España.-Cumplidos todos los requisitos legales y contestadas afirmativamente por ambos contrayentes las preguntas a que se refiere el Artículo Ciento del Código Civil.El Señor Juez los declaró unidos en legítimo matrimonio,y dispuso extender la presente de la que son testigos presenciales:Julio Sanchez y Meneses y Julio Sanchez y Rodrigues naturales de Habana y Marianao vecinos de Nueva del Pilar cuatro,mayores de edad que firman con los contrayentes despues del Señor Juez.Lo certifico.Antonio Carrillo-Dalmacio Giraldez.-Angustias Rodriguez-Julio Sanchez-Julio Sanchez-Alfredo Menocal.-Hay un sello. - - - - - - - - - - - - - - - - - -

Y a peticion de parte expido la presente en la Habana a once de

Acta de matrimonio de mis abuelos Angustias Rodríguez y Dalmacio Giráldez. Cortesía de Elena Giráldez.

Suponemos que, luego de la boda, Angustias permaneció en La Habana y no regresó más a Baracoa, para dar a luz a sus hijas con más seguridad. Todo indica que el embarazo de Angustias cambió los planes de la pareja.

No obstante, Giráldez sí debió retornar a Baracoa para ordenarlo todo en la botica y dejar a alguien encargado de esta, hasta tanto pudiera venderla y establecerse en La Habana. Finalmente, el 23 de noviembre de 1926 vendió la farmacia de Baracoa.

El 6 de mayo de 1925 nacieron en La Habana las primeras hijas biológicas del matrimonio: las mellizas Hilda y Elena (Fig. 7.1). La fecha de la boda y el nacimiento de las hermanas revelan que cuando Angustias y Dalmacio se casaron, ella tenía seis meses de embarazo de las niñas. Dos años después, el 18 de enero de 1927, nació la tercera hija, Rosa.

Fig. 7.1. Mi abuela Angustias Rodríguez y sus hijas mellizas Elena *(izquierda)* e Hilda *(derecha)*. Cortesía de Pablo Giráldez.

Dalmacio Giráldez había adquirido varias casas en La Habana. Entre estas, la de la calle 6, entre 21 y 23, en el Vedado, uno de los barrios más distintivos de la ciudad. Dicha morada, obtenida en 1912, y cuya propiedad aún conservaba veinte años después, constituyó su base habanera. Probablemente, allí se alojaron Angustias Rodríguez y su hermana Lola al llegar de España, en 1920, y donde vivieron a partir de la boda, en 1924. Quizá, la familia residió hasta el traslado para España.

Cuando Giráldez vivía en Cuba, la Isla mostró un auge político-económico debido al alza del precio del azúcar tras el estallido de la Primera Guerra Mundial. Se había producido un crecimiento acelerado de las inversiones estadounidenses, que hacia 1915 sobrepasaban a los capitales ingleses. A este período se le conoció como de las «vacas gordas» (Domingo 2009, 6).

En esa época, la capital de la Habana se había convertido en una ciudad muy limpia y pavimentada, con parques públicos y edificios majestuosos. La multiplicación de la red de tranvías, la expansión del servicio telefónico y el incremento de automóviles propiciaron su apariencia de ciudad desarrollada (Llanes 2013, 21-23).

A pesar de la corrupción política del momento, no se puede ignorar que las modificaciones en el sistema de transporte y los medios de comunicación cambiaron la mentalidad de los habaneros. El sentido de las distancias, la dimensión del tiempo y su uso brindaron nuevas posibilidades de compraventa. De ahí que Dalmacio aprovechara la modernización y el progreso de la ciudad para comprar varias propiedades.

Igualmente, ya vimos que Giráldez hizo su primer viaje a los Estados Unidos en 1915. Luego, regresó el 7 de septiembre de 1925 (Fig. 7.2).

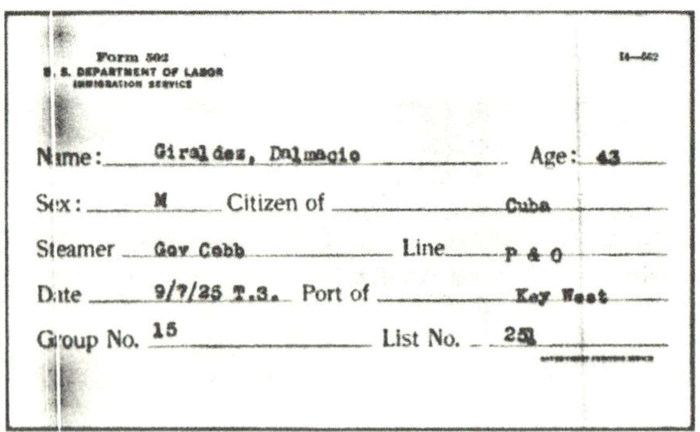

Form 502
U. S. DEPARTMENT OF LABOR
IMMIGRATION SERVICE

Name: Giraldez, Dalmacio Age: 43
Sex: M Citizen of Cuba
Steamer Gov Cobb Line P & O
Date 9/7/25 T.3. Port of Key West
Group No. 15 List No. 25

Fig. 7.2. The National Archives at Washington, D. C.; Washington, D. C.; NAI Number: *4345370*.

Asumimos que mi abuelo había tenido la oportunidad de apreciar el potencial que ofrecía la nación estadounidense. Como hombre abierto a las actividades comerciales, comenzó a explorar nuevas vías para expandir su capital.

Comité Pro-Libertad de España y Sociedad Hijas de Galicia

Dalmacio Giráldez Buceta estaba en un momento crucial de su vida. Su plan había sido permanecer con Angustias y sus hijos en la Isla caribeña. Pero mi abuelo no había renunciado a su pasión por ayudar al prójimo. Por tanto, entre 1925 y 1927, se vinculó con el Comité Pro-Libertad de España y la Sociedad Hijas de Galicia, e integró sus directivas, como vocal.

El Comité Pro-Libertad de España era una asociación patriótica que unía a los españoles republicanos residentes en Cuba amantes de las ideas liberales contra la dictadura de Primo de Rivera. Giráldez se hizo miembro de su Junta Directiva el 15 de abril de 1925. Se desconoce el tiempo que estuvo asociado a la misma (Fig. 7.3).

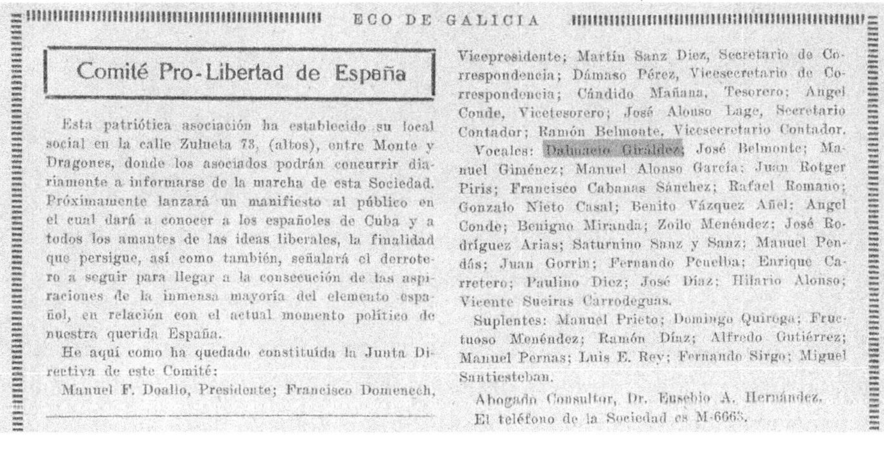

ECO DE GALICIA

Comité Pro-Libertad de España

Esta patriótica asociación ha establecido su local social en la calle Zulueta 73, (altos), entre Monte y Dragones, donde los asociados podrán concurrir diariamente a informarse de la marcha de esta Sociedad. Próximamente lanzará un manifiesto al público en el cual dará a conocer a los españoles de Cuba y a todos los amantes de las ideas liberales, la finalidad que persigue, así como también, señalará el derrotero a seguir para llegar a la consecución de las aspiraciones de la inmensa mayoría del elemento español, en relación con el actual momento político de nuestra querida España.

He aquí como ha quedado constituída la Junta Directiva de este Comité:

Manuel F. Doallo, Presidente; Francisco Domenech, Vicepresidente; Martín Sanz Diez, Secretario de Correspondencia; Dámaso Pérez, Vicesecretario de Correspondencia; Cándido Mañana, Tesorero; Angel Conde, Vicetesorero; José Alonso Lage, Secretario Contador; Ramón Belmonte, Vicesecretario Contador.

Vocales: Dalmacio Giráldez; José Belmonte; Manuel Giménez; Manuel Alonso García; Juan Rotger Piris; Francisco Cabanas Sánchez; Rafael Romano; Gonzalo Nieto Casal; Benito Vázquez Añel; Angel Conde; Benigno Miranda; Zoilo Menéndez; José Rodríguez Arias; Saturnino Sanz y Sanz; Manuel Pendás; Juan Gorrin; Fernando Peuelba; Enrique Carretero; Paulino Diez; José Díaz; Hilario Alonso; Vicente Sueiras Carrodeguas.

Suplentes: Manuel Prieto; Domingo Quiroga; Fructuoso Menéndez; Ramón Díaz; Alfredo Gutiérrez; Manuel Pernas; Luis E. Rey; Fernando Sirgo; Miguel Santiesteban.

Abogado Consultor, Dr. Eusebio A. Hernández.

El teléfono de la Sociedad es M-6665.

Fig. 7.3. *Eco de Galicia: revista ilustrada y de información de la colonia gallega en Cuba*, 5 de abril de 1925. http://biblioteca.galiciana.gal/es/consulta/registro.do?id=10000283803.

Paralelamente, en 1926, Dalmacio perteneció a los Vocales de la Junta Directiva de la sociedad Hijas de Galicia, cuya referencia se publicó en el periódico *El Diario de la Marina* el 31 de marzo de 1926.

Esta asociación, establecida en Cuba en 1917, tuvo el objetivo de ayudar a las mujeres gallegas que al emigrar a la Isla habían sido obligadas a trabajar como criadas o arrojadas a la prostitución. Desde sus inicios, contó con el personal adecuado de médicos, farmacéuticos y enfermeros que les ofrecieron los cuidados necesarios. Hijas de Galicia llegó a ser una de las instituciones más relevantes del colectivo gallego en Cuba y, en la década de los sesenta del siglo XX, reunió 101 057 asociadas (I. Fernández 2022).

Entretanto, con vistas a residir definitivamente en Cuba, el 21 de julio de 1928, Angustias adoptó la ciudadanía cubana y adquirió su pasaporte (Fig. 7.4).

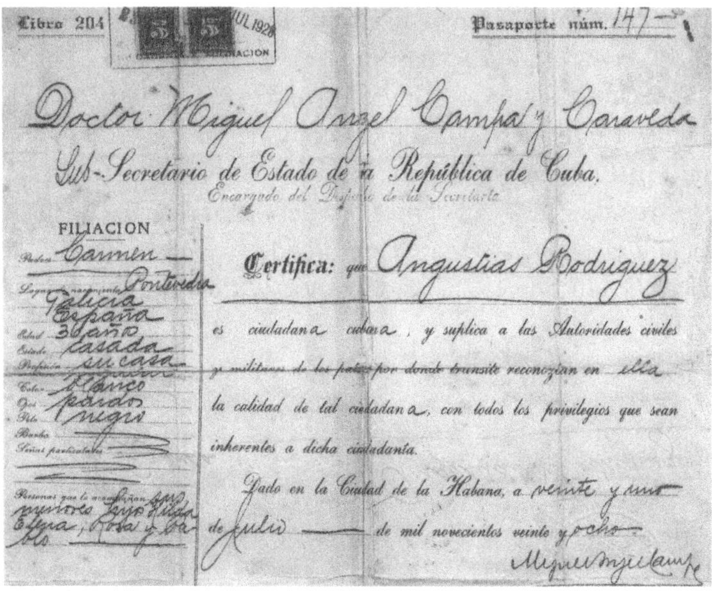

Libro 204 Pasaporte núm. 147

Doctor Miguel Angel Campa y Caraveda

Sub-Secretario de Estado de la República de Cuba.

Encargado del Despacho de la Secretaría

FILIACION

Padres: Carmen

Lugar de nacimiento: Pontevedra Galicia España

Edad: 30 años

Estado: casada

Profesión: su casa

Color: blanco

Ojos: pardos

Pelo: negro

Barba:

Señas particulares:

Personas que le acompañan:

Certifica: que Angustias Rodriguez es ciudadana cubana, y suplica a las Autoridades civiles y militares de los países por donde transite reconozcan en ella la calidad de tal ciudadana, con todos los privilegios que sean inherentes a dicha ciudadanía.

Dado en la Ciudad de la Habana, a veinte y uno de julio de mil novecientos veinte y ocho.

Miguel Angel Campa

Fig. 7.4. Pasaporte cubano de Angustias Rodríguez (La Habana, 1928). Cortesía de Pablo Giráldez.

Si bien mis abuelos Dalmacio y Angustias pensaban permanecer en la Isla, la dicha de la pareja se vio interrumpida por la salud delicada de ella. Cuando niña, había padecido de un asma muy fuerte, y el clima húmedo no le asentaba. Como resultado, la edición del *Diario de la Marina* del día 27 de octubre de 1927 publicó la renuncia de Giráldez al puesto de vocal de Hijas de Galicia.

Por consiguiente, Dalmacio y Angustias iniciaron su nuevo viaje. Tal como dijo el poeta español Antonio Machado (1875-1939), «todo pasa y todo queda, pero lo nuestro es pasar, pasar haciendo caminos, caminos sobre la mar».

Capítulo 8
LA MADRE PATRIA

Escribí en el arenal
los tres nombres de la vida:
vida, muerte, amor.

Una ráfaga de mar,
tantas claras veces ida,
vino y los borró.

MIGUEL HERNÁNDEZ
(Escribí en el arenal)

En 1928, Dalmacio, Angustias y sus hijos retornaron a España y se instalaron en Madrid. El clima seco y frío era más favorable para la salud de Angustias. En aquel entonces, Pablo tenía nueve años; las mellizas Hilda y Elena, tres; y Rosa, uno.

Angustias arribó primero, con los cuatro muchachos. A su llegada, alquilaron un piso en el distrito de Chamberí, en la calle Arango, no. 8. Tan pronto Giráldez se les unió en la capital española, decidió deshacerse de sus negocios en la Isla e hizo numerosos viajes a la misma por la vía marítima. Con ese dinero, pensaba comprar una farmacia en España.

En los veranos, la familia solía visitar su terruño gallego. La presencia de Dalmacio y su prole quedó reflejada en el periódico provincial *El Pueblo Gallego*, en los ejemplares del 26 de octubre de 1928 y el 10 de julio de 1929.

Galicia, con su belleza natural y su ambiente acogedor, era el escenario perfecto para las reuniones familiares de Angustias, su madre, sus tías y sus hermanas Amparo y Lola, sus hijos Pepiño, el hijo de Amparo, los hijos de Lola, Mimí (Noemi) y Luis.

Así, como en los viejos tiempos, Dalmacio se reunía con sus hermanas Elisa, y Marina, sus cuñados Domiciano Giráldez y Sergio Troncoso, y sus amistades. Muchas tardes, se iban a la casa de Elisa y Domiciano, o al Palacio con Marina y Sergio. Del mismo modo, visitaban los bares, hasta bien entrada la noche.

Igualmente, la familia participaba en los *seráns* (fiestas que se organizaban de forma espontánea en las aldeas). En Valeije, se celebraban al ponerse el sol. Su cuñado Sergio animaba con su violín y se oían las panderetas, la gaita, el pandero y el tamboril. Marina, Elisa, Domiciano, la parentela gallega y los demás participantes bailaban la polca, la mazurca, la muñeira, las jotas, cantaban y la pasaban muy bien (Sisa Fernández, mensaje de texto a la autora, 12 de octubre de 2020).

Uno de los momentos preferidos de Dalmacio Giráldez y su familia eran las fiestas religiosas. Ahí, honraban las misas y procesiones con danzas, música de gaitas, tambores, máscaras, arcabuces o fuegos de artificio y disfrutaban de las comidas copiosas.

Según mi tía Rosa, la gastronomía ocupa un lugar primordial en la sociedad gallega. Su cocina se caracteriza por el uso de productos naturales y sanos, platos sencillos y servidos en abundancia. Sus ingredientes se interrelacionan, y aportan el sabor distintivo que el gallego disfruta, tanto a la vista, como al gusto (Rosa Giráldez, en conversación con la autora, 5 de agosto de 2008).

Dalmacio añoraba las recetas típicas confeccionadas por sus hermanas Elisa y Marina. Sus favoritas eran el cocido gallego (Fig. 8.1), las *xoubiñas*, los huevos cocidos cortados en ruedas, la pata con garbanzos, el pulpo a la gallega, los nidos de huevos y el lacón con grelos.

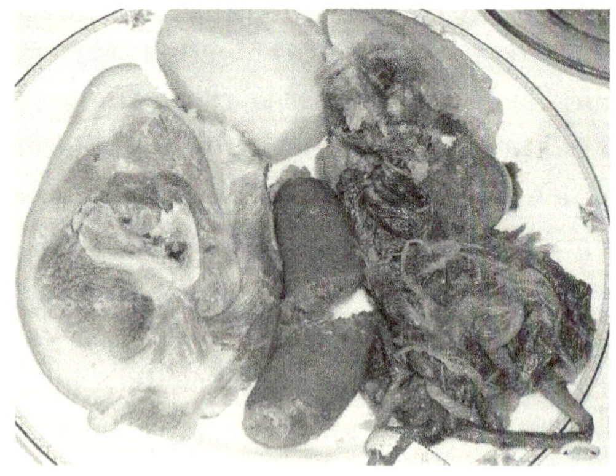

Fig. 8.1. *Cocido galego. Galicia (Spain).* Juan Mejuto, CC BY-SA 2.0 <https://creativecommons.org/licenses/by-sa/2.0>, via Wikimedia Commons.

A mi abuelo le encantaba la *figadeira*, una comida típica de la zona de Valeixe, que se prepara con la sangre de cerdo cocida, sal, hígado, cebolla y ajo. Para ello, la carne se cocina en una sartén con cebolla, ajo y manteca de cerdo; luego, se añade el hígado cortado en filetes pequeños, polvo de pimentón picante y, por último, la sangre previamente cocida y desmenuzada. Este plato se sirve caliente y se acompaña con picatostes (pan frito) (Sisa Fernández, mensaje de texto a la autora, 26 de febrero de 2023).

Al mismo tiempo, Dalmacio, Angustias y sus hijos saboreaban los apetitosos postres gallegos, como la leche frita y las *filloas*. La leche frita se prepara con leche, azúcar, maicena, yemas de huevo, cáscara de limón, rama de canela, harina, huevos, aceite y canela en polvo. Las filloas, una especie de crepés rellenos con crema o nata y chocolate, se elaboraban a base de harina, miel, huevos y azúcar. Además, podían hacerse de sangre de cerdo con leche y usar diferentes rellenos (Fig. 8.2).

Fig. 8.2. *Filloas en Galiza*. L.Miguel Bugallo S., CC BY-SA 4.0 <https://creativecommons.org/licenses/by-sa/4.0>, via Wikimedia Commons.

Y, entre fiestas, charlas amistosas, comidas típicas y cariño fraternal, Dalmacio Giráldez y su familia pasaban aquellos inolvidables veranos en Galicia.

◆◆◆

Posteriormente, la familia Giráldez-Rodríguez regresaba a Madrid. Dalmacio continuaba sus viajes a Cuba, con el fin de liquidar sus negocios en la Isla, y a los Estados Unidos, a explorar nuevas actividades comerciales.

En octubre de 1930, mi abuelo Dalmacio Giráldez Buceta se adhirió a la Liga Nacional Laica. Esta asociación, fundada en 1930 en Madrid, luchó por un régimen jurídico en el Estado por encima de la Iglesia, la libertad, y el desarrollo de la cultura (Montagut 2018).

La Junta Directiva de la Liga Nacional Laica estaba compuesta por españoles prominentes en el marco político e intelectual de aquel tiempo (Montagut 2018).

Por su parte, Angustias retomaba los quehaceres domésticos y el cuidado de sus hijos, hasta tanto su esposo pudiera vender las casas que poseía en Cuba (Fig. 8.3). Cuando ese momento llegase, ella lo apoyaría en sus proyectos.

Fig. 8.3. Última foto de mi abuela Angustias Rodríguez (Madrid, 1931).
De izquierda de derecha: Elena, Angustias, Rosa e Hilda. Cortesía de Elena Giráldez.

A menos de tres años de estancia en la capital española, una epidemia muy fuerte hizo estragos en Europa y España. Angustias, dado su estado de salud delicado, contrajo una bronconeumonía, de la cual no pudo reponerse. Su cuerpo enfermizo dijo «adiós» el 26 de enero de 1931, en su casa de la calle Arango, en el distrito de Chamberí, a los cuarenta y dos años de edad.

Angustias Rodríguez fue sepultada en el cementerio de la Almudena en Madrid (Fig. 8.4).

Fig. 8.4. Nicho donde reposan los restos de mi abuela Angustias Rodríguez (Madrid, 1931). Cortesía de Pablo Giráldez.

«Donde fuego hubo, cenizas quedan»

La relación de mis abuelos Dalmacio y Angustias podría compararse con una novela romántica. Las dedicatorias de las fotos de Angustias de 1906 y 1907 son pruebas de que, desde joven, Giráldez se sintió muy atraído por ella. Esto parece probar cierta teoría acerca de que, en Valeije, hubo algo entre ellos. Como dice el viejo refrán popular: «Donde fuego hubo, cenizas quedan».

Es probable que Dalmacio haya venido a Cuba con las «cenizas» dentro y, al morir su novia cubana y lograr su estabilidad económica, mandó a buscar la causante del «fuego».

Mientras vivía en la aldea y estudiaba en Madrid, Giráldez era un «don Nadie». Una vez en la capital madrileña, Dalmacio supo abrirse paso: primero, con sus estudios; luego, con su trabajo y, más tarde, en Cuba. Por eso, mi abuelo representaba lo que los estadounidenses llaman un *self-made man* —un hombre que ha conseguido abrirse paso a base de su propio esfuerzo—. Cuando se vio dueño de la farmacia y propietario de un capital, decidió apresar el viejo sueño de su juventud... ¡Y lo logró!

Pese a que su relación con Angustias —mujer pobre e hija de madre soltera— había sido censurada, Dalmacio se casó con la muchacha que fue la pasión de su juventud. Ella demostró ser su pareja ideal y, con dedicación total, crio a sus hijos de sangre y a Pablito, pues hizo de la maternidad un culto. Se consagró a ellos, y los disfrutó a plenitud. Pablo, Hilda, Elena y Rosa conservaron las fotos de niños hasta el final de sus días.

De izquierda a derecha:
mi madre Hilda, mis tíos Pablo y Elena.

De izquierda a derecha:
mi madre Hilda, mis tías Rosa y Elena.

La historia de mis abuelos finalizó con la muerte temprana de Angustias. Quizá, el homenaje póstumo de Dalmacio Giráldez Buceta haya sido que jamás volvió a contraer segundas nupcias.

El amor de Dalmacio Giráldez Buceta por su esposa Angustias Rodríguez podría sintetizarse en las palabras del poeta español Gustavo Adolfo Bécquer (1836-1870) cuando dijo: «Podrá nublarse el sol eternamente; Podrá secarse en un instante el mar; Podrá romperse el eje de la tierra Como un débil cristal. ¡todo sucederá! Podrá la muerte cubrirme con su fúnebre crespón; Pero jamás en mí podrá apagarse la llama de tu amor».

Mi abuela Angustias Rodríguez. Cortesía de Hilda Giráldez.

Tristemente, no tuve la oportunidad de conocer a mi abuela Angustias. Su vida me inspiró a dedicarle esta tentativa de poema:

A Angustias, in Memoriam

Abandonaste el mundo un día cualquiera
sin decir tu último adiós
y dejaste sumidos en la tristeza
a tus seres queridos y a tu amor.

La maldita y perversa epidemia
de tu delicado cuerpo se apoderó
y dejaste sumidos en la tristeza
a tus seres queridos y a tu amor.

Mas tu inolvidable existencia aún vive
en el recuerdo de tu noble corazón
en el orgullo de tu sangre gallega
en tus seres queridos y en tu amor.

Capítulo 9
DALMACIO VIUDO

No te conoce el lomo de la piedra,
ni el raso negro donde te destrozas.
No te conoce tu recuerdo mudo
porque te has muerto para siempre.

FEDERICO GARCÍA LORCA
(Alma ausente)

Después del fallecimiento de Angustias en 1931, Dalmacio decidió no volver a casarse, y dejó huérfanos de madre a sus cuatro hijos: Pablo, Hilda, Elena y Rosa. Giráldez optó por seguir viviendo en la capital madrileña. Su hermana Elisa arribó con sus hijos Elisita y Román, este último tenía la misma edad de Pablo, para apoyar a Dalmacio en la crianza de los chicos.

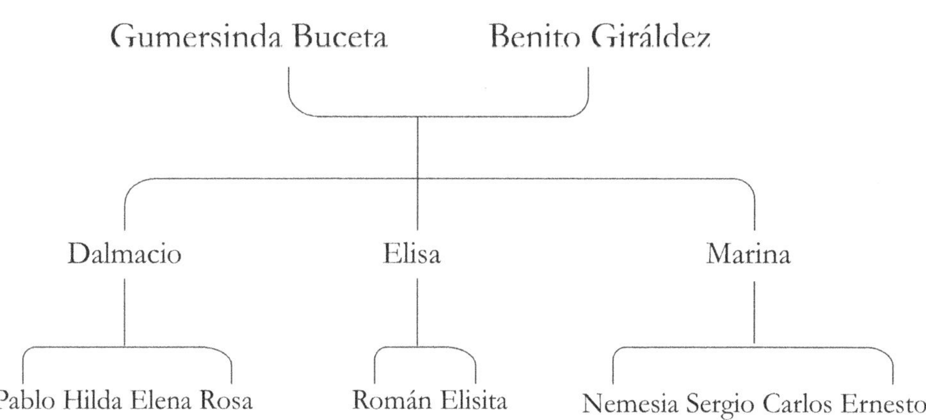

La relación entre Dalmacio y Elisa se fortaleció más que nunca. Giráldez también recibió el respaldo de su hermana menor Marina y el resto de la familia gallega. Pero Elisa tuvo que regresar a Valeixe. Luego, Dalmacio hizo venir a Carmen Rodríguez, la madre de Angustias, para que cuidase de los pequeños (Fig. 9.1).

Fig. 9.1. *De izquierda a derecha*: mi bisabuela Carmen, mi madre Hilda, mi tía Elena, y mi abuelo Dalmacio (Madrid, 1931). Cortesía de Rosa Giráldez.

Acerca de su abuela, Rosita (2008) dijo:

> «La abuela Carmen fue muy buena con nosotras y nos quiso mucho. Fue nuestra primera figura maternal en la infancia. Yo la recuerdo con mucho cariño».

Pablo Giráldez tenía doce años y se percató que Carmen no lo trababa igual que a sus hermanas menores. Un día, se enteró por ella misma que Angustias no había sido su madre. En uno de los veranos a Valeije, se lo preguntó a su tía Elisa, quien le confirmó la verdad.

Pese al dolor de su nueva realidad, el espíritu de mi tío Pablo se fortaleció. En su corazón, y en sus documentos legales, prevaleció la única madre que conoció: Angustias Rodríguez. Sus hermanas lo supieron años después.

Carmen era muy religiosa, y todos los domingos llevaba a misa a los chicos. Dalmacio siempre fue ateo, y esto no le importaba; él decía que ellos tomarían la decisión de ser religiosos o no. Pablo, Elena y Rosa Giráldez siguieron el ejemplo de su padre. Aun así, mi tía Rosita conservó su librito de religión *Mi Jesús: Devocionario que ofrece a los niños el P. Luis Ribera.* Por su parte, mi madre Hilda regresó a la Iglesia en su adultez.

La Segunda República

En abril de ese mismo año (1931), toda la vida española sufrió un cambio radical, al ser proclamada la Segunda República, que ponía fin a la monarquía de Alfonso XIII y abría una perspectiva democrática. Decidido a permanecer en España, Dalmacio buscó un nuevo domicilio en el distrito de Chamberí, en la calle Fernández de La Hoz, no. 38.

Además de sus ideas avanzadas, Dalmacio Giráldez Buceta creció con un afán insaciable por aprender. En su juventud, cursó al mismo tiempo el primer y el segundo año de Farmacia; y obligó a su hijo Pablo y su sobrino Román a cursar dos años del bachillerato en uno. Los primos se graduaron antes del tiempo requerido. Eventualmente, esta situación repercutiría en su hijo mayor.

Asimismo, consecuente con su libertad de pensamiento, Dalmacio Giráldez matriculó a sus hijos en la Institución Libre de Enseñanza o ILE (Fig. 9.2).

Fig. 9.2. *Fachada sur de la Casa de Giner y Cossío en la Institución Libre de Enseñanza.* Luis García, CC BY-SA 4.0 <https://creativecommons.org/licenses/by-sa/4.0>, via Wikimedia Commons.

El prestigioso plantel laico se declaró ajeno a la religión, ideología o partido político y su programa puso en práctica las ideas pedagógicas más avanzadas del momento (Fig. 9.3). Su gran animador había sido don Francisco Giner de los Ríos (1839-1915), una de las más importantes figuras de la España liberal.[1]

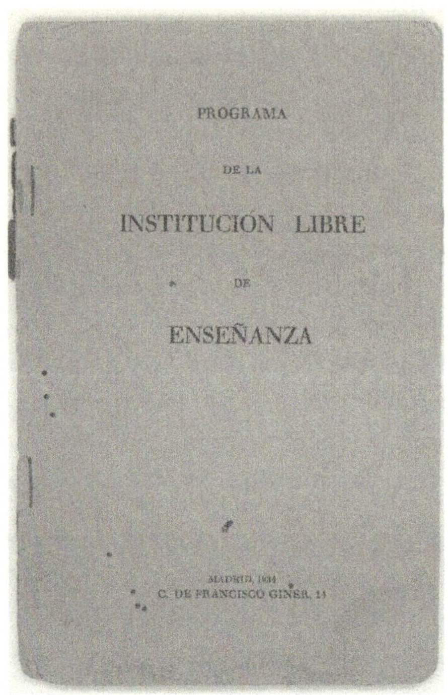
PROGRAMA
DE LA
INSTITUCIÓN LIBRE
DE
ENSEÑANZA

MADRID, [illegible]
C. DE FRANCISCO GINER, [illegible]

Fig. 9.3. Programa de la Institución Libre de Enseñanza. Cortesía de Rosa Giráldez.

Mi tía Rosita (Giráldez y Purdy 2022, 21), le dedicó un poema a su colegio:

El colegio abre sus puertas
los niños entran alegres
las aulas son de colores
el patio es de tierra fresca.

Fragmentos: *A mi colegio en Madrid, la Institución Libre de Enseñanza*

---

1. En agosto de 1939, un grupo de ilustrados españoles exiliados en Cuba después de la Guerra Civil Española, junto con otros intelectuales cubanos, crearon la Escuela Libre de La Habana. Como heredera de la ILE, no estableció distinciones raciales, políticas o religiosas. Sus funciones cesaron por carecer de alumnado suficiente (Vázquez 2005).

La Institución Libre de Enseñanza y su padre don Dalmacio marcaron el futuro de los hermanos Giráldez-Rodríguez. Mi tía Rosa (2008) comentó:

> Hicimos la primera enseñanza en Madrid en la Institución Libre de Enseñanza. En nuestra formación, tuvieron una influencia muy importante y positiva mi padre y el colegio. A ambos los recordamos con todo amor y gratitud. De ellos aprendimos el amor a la lealtad, la rectitud y la justicia social.

◆◆◆

Pero no todo iba bien con la Segunda República. El 19 de noviembre de 1933 se habían celebrado elecciones a cortes y las habían ganado los partidos de derecha. Se abría así un período incierto para la nueva democracia española.

El 4 de abril de 1934, el *Boletín Oficial de la Provincia de Madrid* publicó un suplemento con la lista de personas agregadas al censo electoral. En su página 13, con el número 491, aparece Dalmacio Giráldez Buceta entre los electores del Distrito de Chamberí, lo cual demuestra que mi abuelo no había votado en las elecciones de 1933, al menos, en Madrid.

En una fecha que no hemos podido precisar, y como muestra de que mi abuelo Dalmacio seguía siendo un hombre de ideas progresistas, ingresó en la Agrupación Socialista Madrileña, núcleo originario del Partido Socialista Obrero Español (PSOE).

Este partido socialdemócrata había sido fundado en la capital española el 2 de mayo de 1879. En sus orígenes, estuvo compuesto mayoritariamente por impresores y médicos. Su principal figura era el tipógrafo Pablo Iglesias. A partir de 1886, el partido contó con un órgano de divulgación: el periódico semanal *El Socialista*. En 1888, surgió su rama sindical: la Unión General de Trabajadores (UGT), destinada a ser una de las dos grandes centrales obreras de la España actual.

En 1921, el Partido rechazó la posibilidad de ingreso en la Internacional Comunista. Esto provocó la disidencia de una parte de sus militantes, encabezados por Daniel Anguiano, quienes fundaron el Partido Comunista de España. Posteriormente, el PSOE se afiliaría a la Segunda Internacional.

El año 1936 trajo nuevas elecciones y *El Socialista*, en su número del sábado primero de febrero de ese año, consignaba en su tercera página la relación de donativos recibidos «para atender a las necesidades que origina la campaña electoral en Madrid». En ella aparece el nombre de Dalmacio con la suma de mil pesetas.

Es curioso señalar que, de los nueve donantes, sólo dos alcanzaron la cifra de mil pesetas: Dalmacio Giráldez y los obreros Biseladores de Lunas. La mayoría de los donativos era de 250 pesetas o menos. Dichas elecciones se celebraron el 16 de febrero de 1936 y resultaron en la victoria de la coalición de izquierda Frente Popular, de la cual formaba parte el PSOE.

De ahí que don Dalmacio siguiera vinculado con sus actividades políticas y comerciales. Sin embargo, su mirada penetrante ocultaba ese dolor que el poeta español Federico García Lorca (1898-1936) describiera en *Bodas de sangre*: «porque tú crees que el tiempo cura y que las paredes tapan, y no es verdad, no es verdad».

Capítulo 10
EL HOMBRE DE NEGOCIOS

¿Qué es la vida? Un frenesí,
¿Qué es la vida? Una ilusión,
una sombra, una ficción,
y el mayor bien es pequeño;
que toda la vida es sueño,
y los sueños, sueños son.

PEDRO CALDERÓN DE LA BARCA
(La vida es un sueño)

En febrero de 1932, Dalmacio Giráldez dejó a sus hijos en Madrid, al cuidado de la abuela Carmen, y viajó a Cuba con miras a efectuar los trámites legales ocasionados por el fallecimiento de Angustias. Al parecer, la casa de la calle 6, entre 21 y 23, para entonces, estaba alquilada y Dalmacio se alojó en el Nuevo Hotel Luz en la calle Amargura, no. 47, en la Habana Vieja.

Gracias a la documentación legal que fue necesaria para la distribución de los bienes gananciales de su matrimonio con Angustias Rodríguez, hemos podido conocer las propiedades y rentas que tuvo Dalmacio Giráldez en los veinte años comprendidos entre 1912 y 1932 (Enrique López Mesa, texto a la autora, 3 de enero de 2016).

En la cuenta Particional de los bienes dejados por Angustias, otorgada el 25 de abril de 1932 en la Habana, Dalmacio Giráldez solicitó que se declarase intestado el fallecimiento de mi abuela Angustias Rodríguez, y como defensor de sus hijos menores Elena, Hilda, Pablo y Rosa, los notificaba los únicos y universales herederos. Así, procedió a formar el inventario, dividir y adjudicar a partes iguales los bienes adquiridos durante su matrimonio con Angustias a favor de su prole.

La descripción de un fragmento del documento expone que:

> El Dr. Dalmacio Giráldez y Buceta, en consideración al afecto y cariño que les profesa a sus hijos, renuncia, cede y traspasa en favor de los mismos y por partes iguales el derecho que como cónyuge viudo le corresponde a su cuota usufructuaria.

En un desglose de los bienes aportados por ambos conyugues al contraer matrimonio, se conoció que el total de los contribuidos por el doctor Dalmacio Giráldez fue de cincuenta y dos mil quince pesos, con sesenta y cuatro centavos (52 015.64). (Para 1932, $ 100 equivalían, en poder adquisitivo, a cerca de $ 1 949.30 en el presente.) Por consiguiente, Dalmacio habría entregado a su matrimonio con Angustias Rodríguez un equivalente a lo que hoy día sería un millón de dólares ($ 1000 000 USD).

Entre los bienes de mi abuelo figuraban las cuentas bancarias siguientes:

1. Una cuenta en efectivo y cuenta corriente en la Sucursal de la Lonja del Comercio de The Royal Bank of Canada, de seis mil cuatrocientos setenta pesos y ochenta y dos centavos ($ 6 470.82).
2. Otra cuenta corriente y en efectivo con libreta en el Banco de N Gelats y Compañía, de doce mil quinientos cuarenta y seis pesos sesenta y dos centavos ($ 12 543.62).
3. Otra cuenta corriente y en efectivo (sin libreta) en el mismo Banco de N. Gelats y Compañía, de dos mil cuatrocientos treinta y tres pesos y veinte y nueve centavos ($ 2 433.29).

Se hace evidente que el proyecto de vida de Giráldez había sido asentarse en la Isla y crear una familia en ella. Y esa familia necesitaba una base económica. Por esta razón, la propiedad de una farmacia simple en la lejana y pobre Baracoa no sería suficiente.

Esto, unido a la difícil situación económica del país tras el sonado crac bancario de 1921, lo llevó a desdoblarse en hombre de negocios. Al anterior período «de las vacas gordas» le había sucedido el «de las vacas flacas», que se inició en 1921 con el rápido declive del precio del azúcar a nivel internacional. La nueva realidad hizo que muchos bancos quebraran y el dinero escaseara (Domingo 2009, 6).

De ahí que Dalmacio necesitara garantizar una fuente de ingresos estable que le permitiera sustentar a su familia, pero sin olvidar su querida profesión de farmacéutico. Giráldez intentó encauzar a sus hijos, aunque solo alcanzó un éxito parcial en el caso de mi madre Hilda. Por tanto, se encaminó en dos negocios simultáneos: la adquisición de inmuebles, cuyo alquiler le proporcionara una renta mensual, y el otorgamiento de créditos hipotecarios.

En 1912, recién llegado a Cuba, Dalmacio adquirió la mencionada farmacia de Baracoa y una casa en la calle 6 no. 204, entre 21 y 23, en el habanero barrio del Vedado. La farmacia la poseyó durante catorce años y la vendió el 23 de noviembre de 1926, por la cantidad $ 4 964, 91 (cuatro mil novecientos sesenta y cuatro pesos, con noventa y un centavos). La casa de la calle 6 aún era de su propiedad en 1932.

A partir de 1924 —año de su boda con Angustias Rodríguez—, Dalmacio Giráldez Buceta comenzó a adentrarse en el negocio inmobiliario. Para ello, contó con la ayuda y la asesoría de su compatriota, el señor Gonzalo Rodríguez y Montero, natural de España. En 1932, Gonzalo vivía en la calle 6 no. 208, entre 21 y 23, es decir, en la misma cuadra de la primera casa adquirida por Dalmacio en 1912. Además, en 1924, Rodríguez Montero le hipotecó a Giráldez otra casa en esa misma calle, señalada con el número 57. Todo parece indicar que Gonzalo Rodríguez se encargaba de las propiedades de Dalmacio y que, como tal, cobraba los alquileres e hipotecas.

Aparte de la casa de la calle 6, Giráldez adquirió otra, en diciembre de 1930, en el barrio de Arroyo Apolo. En ese mismo año, en los meses de abril y septiembre, habían pasado otras dos casas a su poder, por adjudicación judicial: una en el reparto Las Cañas, en la barriada del Cerro, y otra en el reparto Los Quemados, en el municipio de Marianao.

Propiedades de Dalmacio Giráldez (1912-1930)

Casa: Barrio del Vedado, 31 de mayo de 1912

Casa: Barrio Arroyo Apolo, 10 de diciembre de 1930

Casa: Reparto Las Cañas, Cerro, 29 de septiembre de 1930

Casa: Reparto de los Quemados, Marianao, 10 de abril de 1930

Así pues, en 1932, Dalmacio Giráldez Buceta —quien, por entonces, residía en Madrid— tenía en su posesión cuatro casas en La Habana, cuyos alquileres se encargaba de cobrar Gonzalo Rodríguez.

Simultáneamente, en 1924, mi abuelo Dalmacio se dedicó a otorgar créditos hipotecarios sobre inmuebles urbanos. En el cuatrienio comprendido entre 1924 y 1927, otorgó al menos diez de estos, dos de los cuales fueron prorrogados. Los intereses mensuales oscilaban entre 8 % y 10 %, de acuerdo con el caso.

Según el documento notarial de mi abuelo de 1932, uno de esos créditos hipotecarios era sobre un edificio de tres pisos. El mismo estaba ubicado en la calle Marqués González s/n, entre Concordia y Neptuno, que años después sería la residencia habanera de la familia Giráldez-Rodríguez, a su regreso definitivo de la Península.

Con respecto a las actividades comerciales de su padre, mi tía Rosa comentó en el video familiar del 29 de diciembre de 2009:

> «Antes se podía invertir en Cuba y mi papá tenía «ojo para eso». Él invirtió en la compra de casas. Nosotros podíamos haber vivido sin trabajar. Aquí hizo su dinerito. Pero también nos inculcó la importancia de estudiar».

◆◆◆

Ya vimos que, durante su estancia en España, mi abuelo se mantuvo visitando la Isla por sus negocios. Uno de esos viajes lo realizó en el trasatlántico inglés *Orduña*. El periódico *Diario de la Marina*, en su edición del 20 de febrero de 1933, página 7, menciona a Dalmacio Giráldez entre los pasajeros que arribaron a La Habana.

Todo parece que se vio envuelto en un pleito con el antiguo dueño de uno de sus edificios, por lo que permaneció varios meses en Cuba. La noticia sobre el litigio figuró en la *Gaceta Oficial de la República de Cuba*, el 20 de enero de 1933, y el *Diario de la Marina*, el 3 de marzo de 1933.

Corridos todos esos trámites, Dalmacio Giráldez regresó a España, por la vía de los Estados Unidos. De acuerdo con los datos encontrados en *Ancestry*, le siguieron otros viajes desde La Habana a Nueva York: el 17 de septiembre de 1933, en el buque *Cristóbal Colón* (Fig. 10.1); y el 20 de mayo de 1935, en el buque *Manuel Arnus*.

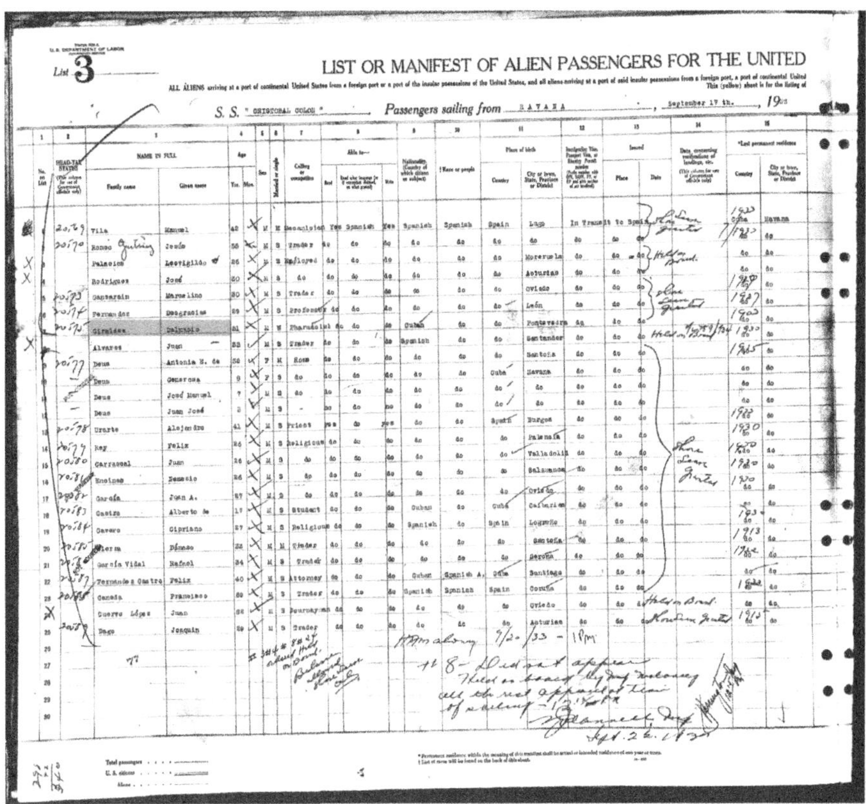

U. S. DEPARTMENT OF LABOR

List 3

LIST OR MANIFEST OF ALIEN PASSENGERS FOR THE UNITED

ALL ALIENS arriving at a port of continental United States from a foreign port or a port of the insular possessions of the United States, and all aliens arriving at a port of said insular possessions from a foreign port, a port of continental United … This (yellow) sheet is for the listing of

S. S. "CRISTOBAL COLON" Passengers sailing from HAVANA, September 17 th., 19[illegible]

No. on List	Family name	Given name	Age Yrs.	Sex	Married or single	Calling or occupation	Read	Read what language	Write	Nationality	Race or people	Country of birth	City or town of birth	Visa / Issued	Last permanent residence: Country	City or town
1	Vila	Manuel	42	M	M	Mecanicien	Yes	Spanish	Yes	Spanish	Spanish	Spain	Lago	In Transit to Spain	Cuba	Havana
2	Ronso	Jesús	58	M	S	Trader	do	do	do	do	do	do	do	do	do	do
3	Palacios	Leovigildo	26	M	S	Employed	do	do	do	do	do	do	Moreruela	do	do	do
4	Rodriguez	José	60	M	S	do	do	do	do	do	do	do	Asturias	do	do	do
5	Cantarain	Marcelino	30	M	S	Trader	do	do	do	do	do	do	Oviedo	do	do	do
6	Fernandez	Deogracias	29	M	S	Professor	do	do	do	do	do	do	León	do	do	do
7	Giraldez	Dalmacio	51	M	W	Pharmacist	do	do	do	Cuban	do	do	Pontevedra	do	do	do
8	Alvares	Juan	33	M	S	Trader	do	do	do	Spanish	do	do	Santander	do	do	do
9	Deus	Antonia M. de	58	F	M	Home	do	do	do	do	do	do	Santoña	do	do	do
10	Deus	Generosa	9	F	S	do	do	do	do	do	do	Cuba	Havana	do	do	do
11	Deus	José Manuel	7	M	S	do	do	do	do	do	do	do	do	do	do	do
12	Deus	Juan José	3	M	S	-	no	do	no	do	do	do	do	do	do	do
13	Urarte	Alejandro	41	M	S	Priest	yes	do	yes	do	do	Spain	Burgos	do	do	do
14	Rey	Felix	26	M	S	Religious	do	do	do	do	do	do	Palencia	do	do	do
15	Carrascal	Juan	26	M	S	do	do	do	do	do	do	do	Valladolid	do	do	do
16	Encinas	Nemesio	26	M	S	do	do	do	do	do	do	do	Salamanca	do	do	do
17	García	Juan A.	27	M	S	do	do	do	do	do	do	do	Oviedo	do	do	do
18	Castro	Alberto de	17	M	S	Student	do	do	do	Cuban	do	Cuba	Caibarien	do	do	do
19	Cavero	Cipriano	27	M	S	Religious	do	do	do	Spanish	do	Spain	Logroño	do	do	do
20	[illegible]ierra	Dámaso	22	M	M	Trader	do	do	do	do	do	do	Santoña	do	do	do
21	García Vidal	Rafael	34	M	S	Trader	do	do	do	do	do	do	Gerona	do	do	do
22	Fernandez Castro	Felix	40	M	S	Attorney	do	do	do	Cuban	Spanish A.	Cuba	Santiago	do	do	do
23	Caneda	Francisco	60	M	S	Trader	do	do	do	Spanish	Spanish	Spain	Coruña	do	do	do
24	Cuervo López	Juan	66	M	S	Journeyman	do	do	do	do	do	do	Oviedo	do	do	do
25	Pago	Joaquin	29	M	S	Trader	do	do	do	do	do	do	Asturias	do	do	do

Fig. 10.1. The National Archives at Washington, D.C.; Year: *1933*; Arrival: *New York, New York, USA;* Microfilm Serial: *T715, 1897-1957*; Line: *7*; Page Number: *172*.

Deducimos que, como hombre ilustre de negocios, Giráldez se empezaba a abrir camino hacia Norteamérica. Además, en la documentación legal se halló una libreta de cuenta corriente del banco Bankers Trust Company, situado en 16 Wall Street, Nueva York, con depósito de $10 000 USD. Aunque el nombre de Dalmacio Giráldez no constaba, sino solo el de sus hijas Hilda, Elena y Rosa, es posible que ellas hayan abierto una cuenta nueva después de su muerte. Suponemos que mi abuelo había depositado una parte del dinero de las inversiones de la Isla en los Estados Unidos.

Giráldez también estaba tratando de encaminarse en el mundo mercantil madrileño. En 1935, se unió al Círculo de la Unión Mercantil e Industrial en Madrid, como lo demuestra su carnet de fecha del 2 de octubre de ese año (Fig. 10.2). Este círculo se creó en el 20 de junio de 1858 en la capital madrileña; y en 1924 inauguró su centro social. Ahí, se reunía lo más selecto de la sociedad del momento (Rodrigo 2019).

Círculo de la Unión Mercantil e Industrial

El poseedor de este carnet de identidad deberá estar enterado de las advertencias siguientes:

1.ª No podrá hacer uso del mismo sin hallarse al corriente en sus cuotas.

2.ª Es personal e intransferible.

3.ª Este carnet será anulado por la Junta directiva cuando el socio sea baja en la Sociedad reglamentariamente.

Conforme:
EL INTERESADO,

Número 55465

CARNET

de identidad a favor del Socio
D. Dalmacio Giráldez Buceta

Madrid, 9 de Octubre de 1935

El Secretario,

El Presidente,

SOCIO ADICTO

Fig. 10.2. Carnet de Dalmacio Giráldez Buceta del Círculo de la Unión Mercantil e Industrial. Cortesía de Pablo Giráldez.

Mas, Dalmacio no olvidaba sus raíces gallegas. Haciendo eco a las palabras de la escritora y poetisa Rosalía de Castro (1837-1885): «¡Oh tierra, antes y ahora, siempre fecunda y bella!», Giráldez retornaría a sus orígenes.

Capítulo 11
GALICIA MIÑA TERRA

Miña terra, miña terra,
terra donde m'eu criei,
hortiña que quero tanto,
figueiriñas que prantei.

ROSALÍA DE CASTRO
(*Adios ríos; adios fontes*)

A partir de su llegada a España en 1928, don Dalmacio y su familia iban todos los veranos a su querido terruño gallego. Después de la «partida» definitiva de Angustias hacia el otro mundo en 1931, Giráldez y su prole reanudaron las visitas a Galicia en julio y agosto. La magia de la aldea y el aire puro de las montañas les acercaba a sus raíces.

Acerca del hechizo del paisaje gallego, Miguel de Unamuno dijo:

> Es un paisaje habitable, que seduce como un nido incubador de morriñas y saudades; es una naturaleza humanizada, hecha mansión del hombre, lugar de descanso en que os aduerme como una caricia tibia un aliento de humedad y las quejumbres dulces de los pinos. (Unamuno 1911, 231)

Y Murguía expresó:

> Por cualquiera de los viejos caminos que dan al viajero entrada en Galicia, encuentra éste bien pronto y como si se dijese de improviso, todos los elementos [...] del paisaje gallego: montes y colinas, valles y encañadas, árboles y fuentes, llanadas fructíferas, apacibles soledades y azuladas y misteriosas lejanías. (Murguía (1888, V)

Las visitas de Dalmacio Giráldez y su descendencia quedaron reflejadas en los periódicos *El Faro de Vigo*, el día 20 de agosto de 1932, y *El Pueblo Gallego*, en su edición de 9 de agosto de 1935. Al mismo tiempo, el semanario *Tribuna* publicó esta noticia el 2 de septiembre de 1934 (Fig. 11.1):

> —Se encuentra algo delicado de salud nuestro buen amigo el distinguido farmacéutico local don Ulpiano B. Piña.
>
> Con tal motivo ha venido a visitarle y se encuentra atendiendo el despacho del señor Piña, su amigo el doctor don Dalmacio Giráldez, que se encontraba veraneando en Valeije.

Fig. 11.1. *Tribuna*: seminario popular de Tuy, 2 de septiembre de 1934, http://biblioteca.galiciana.gal/gl/consulta/registro.do?id=10000127536.

Los hermanos Giráldez-Rodríguez se quedaban con la tía Elisa (Fig. 11.2) y con el tío Domiciano. En la casa de los tíos ubicada en el barrio de A Miñoteira, compartían con sus primos Elisita y Román Giráldez.

Fig. 11.2. Mi tía abuela Elisa Giráldez Buceta. Cortesía de Sisa Fernández.

De igual forma, la familia pasaba horas en el Pazo de Valeije (Fig. 11.3). Los chicos jugaban con sus primos Sergito, Carlos, Nemesita y Ernesto.

Fig. 11.3. El pazo de Valeixe, más conocido como el Palacio. Cortesía de Elena Troncoso.

Los tíos Sergio y Marina adoraban a sus sobrinos cubanos y los atendían con esmero (Fig. 11.4). También, los muchachos iban de excursión al río Miño; corrían libremente por las calles y compartían hasta tarde en la noche.

Fig.11.4. Mis tíos abuelos Marina Buceta Rivera y Sergio Troncoso Penedo. Cortesía de Ricardo Troncoso.

Dalmacio y Sergio se reunían y recordaban los viejos tiempos. Además de ser cuñados por medio de Marina, les unía una amistad profunda, a pesar de sus diferencias en cuanto a criterios políticos. Alrededor de 1915, antes de contraer matrimonio con la hermana de Giráldez, Troncoso fue a Cuba, donde vivió un tiempo con mi abuelo. Sergio había decidido fugarse de su casa, les dijo a sus padres que se iba a Portugal a tocar con una orquesta y embarcó con destino a la Isla. Allí trabajó para unos laboratorios estadounidenses hasta que decidió regresar a Valeije (Marina Troncoso, mensaje de WhatsApp a la autora, 20 de octubre de 2020).

Por aquel entonces, en Valeije, lo típico era tomar café después de comer en el bar. Esta costumbre duró hasta hace poco, puesto que ya no quedan bares abiertos en la zona. Mi abuelo Dalmacio se reunía junto con sus familiares y amigos, para jugar a la baraja española, el tute subastado, la brisca y el dominó (Sisa Fernández, mensaje de texto a la autora, 12 de octubre de 2020).

La familia Giráldez-Rodríguez adoraba las festividades de la aldea, que, en su mayoría, eran de naturaleza religiosa. Desde tiempos antiguos, las fiestas gallegas han desempeñado un papel importante en la sociedad puesto que reflejan las tradiciones paganas y religiosas, así como su gastronomía exquisita.

En el pasado, las festividades se planeaban junto con las tareas del campo. Con el incremento de la influencia del cristianismo en Galicia, se empezaron a planificar fiestas religiosas con más frecuencia (Bouza 2020, 199). De ahí que Giráldez, y los emigrantes regresaran a su terruño para reencontrarse con sus parientes, amigos, y recordar la entrañable relación del gallego con su tierra.

Vigo. Baile del país, (tarxeta postal): fotogravado col.; 9 x 14 cm, 1905, http://biblioteca.galiciana.gal/es/consulta/registro.do?id=581735.

Unas celebraciones notorias son las romerías que comienzan en la mañana y terminan en la noche, y durante las cuales las personas realizan su peregrinación a un santuario. Se consideran la máxima expresión festiva del pueblo gallego (Bouza 2020, 229). En la época de mi abuelo Dalmacio, los habitantes de la aldea participaban en las romerías y lucían sus mejores prendas; entretanto, los jóvenes incursionaban en aventuras románticas.

A propósito de las romerías gallegas, Juan Rivero (1905, 42-43) comentó:

> ¡Vaya si son alegres las romerías gallegas! Algunas duran tres ó cuatro días [...] con sus noches, los cuales se vive en el lugar de la romería, un bosque frondoso con grandes árboles. A su sombra, en un ambiente fresco y delicioso, están los puestos: mesas y bancos de madera, y al lado el carro que lleva las provisiones. Acuden mozas y mozos de las parroquias inmediatas y gente de la ciudad; acuden los viejos, todos los viejos, que forman el elemento más permanente, bullicioso y jaranero de la fiesta. Hay gaitas y panderetas y violines y acordeones.

Entre todas las fiestas de Galicia, una de las más celebradas eran las de San Roque, —un peregrino canonizado en 1584 y venerado como santo por la Iglesia católica—. En esta romería, los peregrinos deben subir muy temprano a la colina donde se encuentra la ermita, puesto que los oficios religiosos dan comienzo a las siete de la mañana (Bouza 2020, 246). Los hijos de Dalmacio y Angustias la consideraban una sus predilectas. Rosita (Giráldez y Purdy 2022), le dedicó el poema *La Fiesta de San Roque*:

La aldea celebra su día
con alegres romerías
la fiesta de San Roque.

Con pulpo y empanadas
con jarras de vino tinto
todos celebran las fiestas.

Con júbilo y alegría
con música y panderetas
todos bailaban la muñeira.

Aunque hay festejos durante todo el año, julio y agosto son meses de grandes celebraciones en honor de su propio patrón (Bouza, 2020, 216). En el caso específico de la aldea de mis abuelos, la fiesta a la patrona Santa Cristina de Valeixe —Sta. Cristina— se celebra el 24 de julio. De modo que Dalmacio y sus hijos Pablo, Hilda, Rosa y Elena jamás se perdían esta festividad y, junto con sus parientes, bailaban, saboreaban los platillos y la pasaban bien.

Otras celebraciones populares son las *verbenas*. Mientras que las romerías se efectúan durante el día y las personas van a comer después de haber rezado al santo, las verbenas —que también se asociaban con un santo o una virgen— se llevan a cabo por la tarde-noche, con bailes y un carácter más divertido. Y entre una gastronomía excelente, bebidas, música, fuegos artificiales y danzas folclóricas, la alegría florecía en los rostros de los presentes.

Un componente esencial de las fiestas de Galicia es el vino. No puede entenderse una comida sin los afamados vinos gallegos (Bouza 2020, 218). Es por ello que mi abuelo, sus hermanas Elisa y Marina, sus cuñados Sergio Troncoso y Domiciano Giráldez, y el resto de la parentela tomaban su copa de vino, y recordaban las épocas pasadas.

Por ende, Galicia marcó por siempre a los hijos de Dalmacio y Angustias. Mi tía Rosa compuso el poema *A los recuerdos de los veranos en Galicia*:

Recuerdo mi infancia
el juego de niños
el olor a hierba
el sabor a fruta
el claro del bosque
el color de luna.

Recuerdo mi infancia,
la casa de piedra,
la amistad de siempre
la familia unida
la charla del padre
la velada tibia.

(Fragmentos)

Si bien los veranos en la aldea fueron inolvidables para Dalmacio y su prole, un futuro sombrío cambiaría su destino. Como expresó la escritora gallega

Rosalía de Castro (1837-1885): «tras la lucha que rinde y la incertidumbre amarga del viajero que errante no sabe dónde dormirá mañana, en sus lares primitivos halla un breve descanso mi alma».

Capítulo 12
¡ESPAÑA, PROTÉGETE DE TU ESPAÑA!

Se le vio, caminando entre fusiles,
por una calle larga,
salir al campo frío,
aún con estrellas de la madrugada.
Mataron a Federico
cuando la luz asomaba.

ANTONIO MACHADO
(El crimen fue en Granada)

El 17 de julio de 1936 se inició la Guerra Civil Española, entre el bando republicano, y el bando nacional, que ensangrentaría al país durante tres años (1936-1939).

Tras el inicio de la Guerra Civil, Dalmacio Giráldez mantuvo su militancia en el Partido Socialista Obrero Español (PSOE). Al volver a Cuba, trajo con él la libreta de cotizaciones mensuales, lo que demuestra que había pagado todas sus cuotas correspondientes al primer semestre de 1937 (Fig. 12.1).

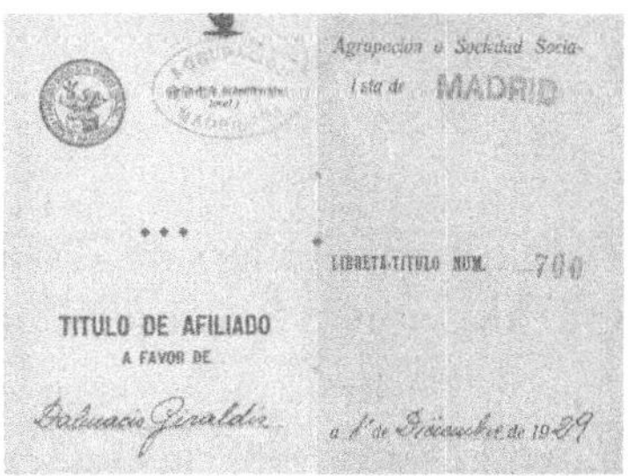
Agrupación o Sociedad Socia-
lista de MADRID
LIBRETA-TITULO NUM. 760
TITULO DE AFILIADO
A FAVOR DE
Dalmacio Giráldez

Fig. 12.1. Libreta de cotizaciones mensuales (del PSOE) de Dalmacio Giráldez. Cortesía de Elena Giráldez.

Al estallar la guerra en 1936, Giráldez y sus hijos se encontraban en Galicia, región que, inmediatamente, se sumó a las fuerzas sublevadas contra el régimen constitucional. En este período se sucedieron persecuciones, encarcelamientos y ejecuciones por lo que muchas personas escaparon a los montes de Galicia, y a otros países (Domingo 2009, 35).

En aquel trágico momento, Dalmacio Giráldez Buceta se hallaba de visita en la ciudad de Vigo, mientras los niños permanecían en la casa de su hermana Elisa, en la Miñoteira.

Allí se presentó el ejército en busca de Dalmacio Giráldez. No obstante, sólo encontraron a Elisa, hermana de Dalmacio; Elisita y Román, sus hijos; y los pequeños Pablo, Hilda, Elena y Rosa. Todo ocurrió en el momento en que la familia se disponía a partir rumbo a un río cercano. La casa fue súbitamente rodeada por soldados. La registraron y se llevaron las pocas armas que poseía Domiciano, las cuales pertenecían a su padre, el teniente coronel Román Giráldez González, tío de Dalmacio.

Los niños vivieron momentos aterradores. Mi tía Rosita relató sus recuerdos en un video compartido el 31 de diciembre de 2009.

> Hilda, Elena, Pablo y yo vinimos de España cuando la Guerra Civil de España. Vivíamos en Madrid y los veranos íbamos a Galicia. Estábamos en casa de la tía Elisa y, de casualidad, mi papá estaba en Vigo. Y Galicia estaba en poder de los fascistas. Y rodearon toda la casa. Que era grandísima, más de media manzana, y preguntaban por mi papá.
>
> Mi papá era sumamente pacífico. Y bondadoso. Pero, como era izquierdista, y ellos lo sabían, rodearon la casa y preguntaron por él. Por suerte, no estaba. El tío Sergio le mandó a avisar que lo habían venido a buscar y lo ayudó a huir. Sin decir nada, mi papá salió por La Coruña, hacia Cuba.
>
> Nosotros preguntábamos: «¿Qué pasa con papá que no viene?» Y nos decían: «Está en Vigo resolviendo unos negocios, pero vendrá pronto». Entonces, un día, nos dijeron: «Tu papá se fue para Cuba, porque, si no, lo habrían matado».

Sergio Troncoso avisó a Dalmacio, en Vigo, de lo ocurrido en Valeije. Por ser republicano y socialista, Giráldez conocía cuál sería su destino en caso de caer en manos de los simpatizantes de Franco. Años después, el escritor Camilo José Cela se refirió a aquellos primeros días de la guerra y señaló que «cuando el mundo se revuelve los hombres pueden morir a manos de los títeres» (Frase proporcionada por Enrique López, correo electrónico a la autora, 2016).

Asimismo, el Centro Documental de la Memoria Histórica de Salamanca (CDMH) conservaba el Fichero 26, Ficha G0164689 con el nombre de mi abuelo. Este centro preserva más de 2,5 millones de fichas que el régimen franquista guardaba en su Fichero Político-Social como una herramienta de la policía política. Así pues, tenían señalados a todas las personas sospechosas de ser republicanas (Hernán Fernández, correo electrónico a la autora, 20 de junio de 2022).

Igualmente, ya vimos que, en octubre de 1930, Dalmacio Giráldez se había adherido a la Liga Nacional Laica. Según afirma Hernán Fernández (2022), en el tiempo que mi abuelo vivía en España, la iglesia católica tenía mucho poder, y el concepto de «laicismo» era poco común; por tanto, poseer una visión distinta al catolicismo se convertía en un motivo de persecución por parte del régimen. Puede deducirse que Dalmacio Giráldez Buceta, como hombre de ideas vanguardistas, había sido también perseguido por pertenecer a la Liga Nacional Laica.

El infierno bélico había comenzado y no había tiempo para la reunificación familiar. De ahí que Dalmacio Giráldez, sin poder despedirse de sus hijos, a quienes sabía seguros en la aldea, con la familia, se viera precisado a trasladarse con urgencia al puerto de La Coruña, con Sergio Troncoso. Al igual que la pérdida de su gran amor, Angustias, este debió ser otro de los momentos más dramáticos de su vida, al verse en esa disyuntiva.

Aunque no tenemos pruebas concretas de cómo Dalmacio Giráldez huyó, según el testimonio de sus hijos, se trasladó por mar desde Vigo a La Coruña. Esta forma podría ser menos peligrosa que el trayecto por carretera, en el cual podía encontrar retenes del ejército. Por otra parte, cabe la posibilidad de que él y sus hijos hayan contado con la ayuda del Consulado Cubano en La Coruña. Giráldez tenía la ciudadanía cubana desde 1924, y Hilda, Elena, Rosa y Pablo eran cubanos de nacimiento.

Tan pronto se dio la oportunidad, el tío Sergio Troncoso, cuñado de Dalmacio, condujo a los cuatro muchachos hasta La Coruña. Allí logró embarcarlos en el vapor británico *Órbita*, un transatlántico de 15 500 toneladas, construido entre 1913 y 1914 para la Pacific Steam Navigation Company (Fig. 12.2). El barco sirvió en ambas guerras mundiales, se utilizó para el transporte de pasajeros, el traslado de los refugiados de la Guerra Civil Española a América Latina y el transporte de voluntarios cubanos hacia la Península (Información proporcionada por Enrique López Mesa, 4 de enero de 2017).

Fig. 12.2. El trasatlántico británico *Órbita*. Cortesía de Pablo Giráldez.

Pablo (con diecisiete años), Hilda y Elena (con doce años) y Rosa (con diez años) fueron desde Valparaíso a Panamá. El 5 de febrero de 1937 arribó el barco a La Habana, donde permaneció por menos de 24 horas, para zarpar nuevamente hacia Europa. ¡Menudo viajecito el que tuvieron los hermanos Giráldez! (Enrique López, correo electrónico a la autora, 24 de enero de 2017).

Mi madre Hilda rememoraba la travesía en el *Órbita*.

> El tío Sergio Troncoso Penedo nos llevó al puerto de La Coruña. Llegamos y vimos una embarcación que parecía una ciudad flotante. Nos dijo que en ella nos iríamos a Cuba a reunirnos con papá. Recuerdo la emoción que sentí con la nueva.
>
> Subimos y corrimos por los pasillos hasta llegar al camarote, dejamos el equipaje y volvimos a la proa, para ver el barco zarpar.
>
> El trayecto fue tedioso pues lo único que teníamos frente era el mar. Por la noche era aterrador. La oscuridad no dejaba ver nada. Para colmo, Rosa y yo nos mareamos, aunque Pablo y Elena estaban como si nada.
>
> Después de varias semanas, vimos las luces del Malecón habanero. Nos anunciaron el arribo a La Habana.
>
> Desembarcamos una noche cálida y tranquila. Al bajarme, no podía mirar el mar negro bajo mis pies. Pero, al ver a papá a lo lejos, respiré aliviada. (Hilda Giráldez, en conversación con la autora, 6 de mayo de 2010)

Las hermanas Giráldez siempre guardaron gratitud a Troncoso por aquel gesto suyo. Años después, cuando él falleció, Rosa Giráldez envió una carta de pésame a sus hijos.

La Habana, diciembre de 1982

Hermanos Troncoso:

Nemesita
Sergito y Lucha
Ernesto y Torita
Carlitos y Mavi

Queridos primos:

La muerte de vuestro padre ha significado una pérdida más de la generación del nuestro, y lo hemos sentido hondamente.

Sergio tenía su modo especial de ser y analizar las cosas, modo que no siempre entendíamos, pero lo queríamos profundamente y recordamos con agradecimiento las muchas veces que nos ayudó. Por ejemplo, en 1936, cuando tuvimos que salir de España, el tío Sergio fue el que nos llevó a La Coruña a tomar el barco, a pesar de las diferencias políticas con papá.

Aunque sabíamos que tenía problemas de salud, lo vi muy bien, para sus noventa y dos años, y hasta nos cantó un tango y una habanera.

No podemos dedicarle una oración porque no somos religiosas, pero queremos dedicarle, a modo de despedida, y como expresión de amor, un verso de Antonio Machado, que también le dedicamos a papá a la hora de su muerte.

Cuando llegue el día del último viaje,
y esté al partir la nave que nunca ha de tornar,
me encontraréis a bordo ligero de equipaje,
casi desnudo, como los hijos de la mar.

Vosotros sois, con Elisita y Román, unos primos especiales, nuestros hermanos de la infancia, y vuestras penas las sentimos como las nuestras.

Haced extensiva esta carta a vuestros hijos, y recibid nuestro más sincero y profundo cariño.

La Habana, diciembre 1982

Hermanos Troncoso
Nemesita
Sergito y Lucha
Ernesto y Tosita
Carlitos y Mori

Queridos primos:

La muerte de vuestro padre ha significado una pérdida más de la generación del nuestro y lo hemos sentido hondamente.

Sergio tenía un modo especial de ser y analizar las cosas, modo que no siempre entendíamos, pero lo queríamos profundamente y recordamos con agradecimiento las muchas veces que nos ayudó. Por ejemplo, en 1936 cuando tuvimos que salir de España el tío Sergio fue el que nos llevó a La Coruña a tomar el barco, a pesar de las diferencias políticas con papá.

Nos satisface haber compartido con él en este verano. Aunque sabíamos que tenía problemas de salud lo vimos muy bien para sus 92 años y hasta nos cantó un tango y una Habanera.

No podemos dedicarle una oración porque no somos religiosos pero queremos dedicarle, a modo de despedida y como expresión de amor, un verso de Antonio Machado que también le dedicamos a papá a la hora de su muerte:

"Cuando llegue la hora del último viaje
y esté a punto de partir la nave que nunca ha de tornar
me encontraréis a bordo, ligero de equipaje
casi desnudo como los hijos de la mar"

Vosotros sois, con Elenita y Ramón, unos primos especiales, nuestros hermanos de la infancia, y vuestras penas las sentimos como nuestras.

Haced extensiva esta carta a vuestros hijos y recibid nuestro más sincero y profundo cariño.

Carta de pésame de mi tía Rosa a sus primos Nemesita, Sergito, Carlos y Ernesto por el fallecimiento de su padre Sergio Troncoso Penedo. Cortesía de Rosa Giráldez.

La vida de Dalmacio Giraldez Buceta cambió con la Guerra Civil Española. Su sentimiento a la hora de abandonar el terruño gallego podría resumirse con el dolor que la poetisa y escritora Rosalía de Castro (1837-1885) reflejó en *Adiós ríos, adiós fontes*: *«Deixo amigos por extraños, deixo a veiga polo mar; deixo, en fin, canto ben quero… ¡quén puidera non deixar!»* «Dejo amigos por extraños, dejo, la tierra por el mar, dejo, en fin, cuanto bien quiero... ¡quién pudiera no dejar!».

Capítulo 13
RETORNO

Yo, para todo viaje
—siempre sobre la madera
de mi vagón de tercera—,
voy ligero de equipaje.

ANTONIO MACHADO
(El tren)

Aunque no sabemos la fecha de la llegada de Dalmacio a Cuba, se conoce que salió del puerto de la Coruña por barco. De acuerdo con el testimonio de Rosa, arribó a la Isla en 1936 primero que sus hijos.

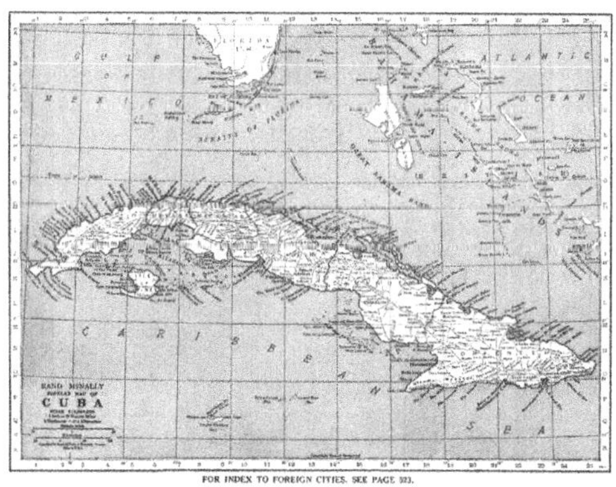

Popular Map of Cuba (Mapa de Cuba). Reimpreso con permiso de Alabama Maps, Historical Maps of Cuba, por Rand McNally and Company Rand McNally and Company, 1936. Obtenido de http://alabamamaps.ua.edu/. Copyright © 2023.

Suponemos que en La Coruña Dalmacio Giráldez se vio obligado a tomar el primer navío que zarpó, con independencia de cuál fuera su puerto de destino (Enrique López Mesa, correo electrónico a la autora, 24 de enero de 2017).

A su llegada a La Habana, Pablo, Hilda, Elena y Rosa fueron a vivir al edificio de la calle Marqués González, que hoy día tiene los números 156 y 158, entre Neptuno y Concordia, en Centro Habana.

Desde 1933, el inmueble de tres pisos era propiedad de Dalmacio Giráldez Buceta; y en una de sus casas vivía Gonzalo Rodríguez Montero, encargado de los negocios habaneros de Giráldez. Él y su esposa, María Novás, tenían cuatro hijos: Gonzalito, Ricardito, Monchy y Amelita. María tenía un carácter noble, y se ocupaba de llevar a los ocho muchachos a fiestas y paseos. Hilda, Pablo, Elena y Rosa la recordaban con mucho cariño, y ella se convirtió en su figura maternal cubana.

Una finca «Sin Nombre»

Con posterioridad a su regreso definitivo a Cuba, Dalmacio Giráldez adquirió una propiedad agrícola en Güira de Melena. Se encontraba en las cercanías de La Habana, y le dio la pintoresca identificación de «Sin Nombre». Pocos días después del inicio de la Segunda Guerra Mundial, su amigo José Oncañoz le escribió desde Francia.

> Chateau de la Valette
>
> Loiret, France, 27-9-1939
>
> Sr. D Dalmacio Giráldez:
>
> Mi querido amigo: Recibo, reexpedida de Langon, su grata de 28 del pasado.
>
> Siento mucho que la baja en los productos de la tierra haya disminuido el rendimiento de su finca. Sin embargo, es de esperar que la escasez, que es consecuencia obligada de toda guerra, los vuelva a hacer subir, y podrá Ud. resarcirse de lo que haya perdido.
>
> Con mil recuerdos cariñosos para sus hijos, quedo de usted siempre muy cordial y agradecido amigo.
>
> José Oncañoz

Se desconoce en qué fecha Giráldez vendió aquella finca, mas no aparece en la cuenta particional de sus bienes, en 1957. Su hija Elena recordaba los paseos por la propiedad:

> A nosotros, nos encantaba ir a la finca «Sin Nombre», rodearnos de animales y ver la extensión de tierra de los árboles frutales. Allí nosotros teníamos una puerquita que nos seguía a todas partes. También había una yegua que, cuando la montaba, me llevaba de regreso, aunque yo quisiera seguir. Me daba lástima obligarla.
>
> (Elena Giráldez, en conversación con la autora, 6 de marzo de 1988)

En marzo de 2012, mi esposo Alejandro Salinas, mis hijos Olivia y Alex, y yo convencimos a mi tía Rosita para visitar la finca. Mis suegros Mica y Tony se ofrecieron a llevarnos. Después de preguntar a varias personas logramos hallar el terreno. En la actualidad, es una cooperativa del gobierno cubano, que, para nuestra sorpresa, aún conserva su humorística denominación de «Sin Nombre» (Fig. 13.1).

Fig. 13.1. Visita a la finca «Sin Nombre» de mi abuelo Dalmacio, La Habana, 16 de marzo de 2012. Cortesía de Alejandro Salinas.

Cuando, al fin, pudo reunirse la familia en La Habana, los hermanos Pablo, Hilda, Elena y Rosa Giráldez continuaron estudios en el Colegio Metodista Central. Posteriormente, Dalmacio los envió a los Estados Unidos para que aprendieran inglés. Pablo, con dieciocho años, partió el 15 de abril de 1937. Hilda y Elena, con trece años, y Rosita, con diez años, arribaron el 19 de septiembre de 1937. Las hembras fueron a Carolina del Norte. Hilda y Elena estuvieron internas durante dos años en el Whispering College, mientras que Rosita, por ser la más pequeña, residió en Annie Kate White School.

Dalmacio visitó a sus hijos en los Estados Unidos en 1937 y 1938 (Fig. 13.2).

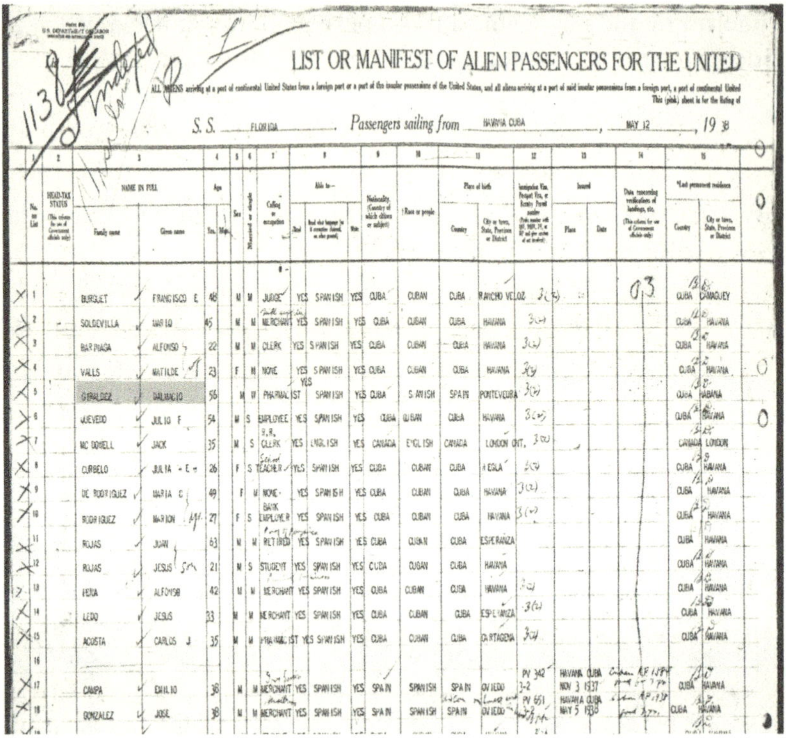

LIST OR MANIFEST OF ALIEN PASSENGERS FOR THE UNITED

ALL ALIENS arriving at a port of continental United States from a foreign port or a port of the insular possessions of the United States, and all aliens arriving at a port of said insular possessions from a foreign port, a port of continental United
This (pink) sheet is for the listing of

S. S. FLORIDA Passengers sailing from HAVANA CUBA, MAY 12, 19 38

No. on List	Family name	Given name	Age Yrs.	Sex	Married or single	Calling or occupation	Read	Read what language	Write	Nationality	Race or people	Birth Country	Birth City or town	Immigration Visa, Passport Visa, or Reentry Permit number	Issued Place	Issued Date	Last permanent residence Country	Last permanent residence City or town
1	BURGUET	FRANCISCO E	48	M	M	JUDGE	YES	SPANISH	YES	CUBA	CUBAN	CUBA	RANCHO VELOZ				CUBA	CAMAGUEY
2	SOLDEVILLA	MARIO	45	M	M	MERCHANT	YES	SPANISH	YES	CUBA	CUBAN	CUBA	HAVANA				CUBA	HAVANA
3	BARRIAGA	ALFONSO	22	M	M	CLERK	YES	SPANISH	YES	CUBA	CUBAN	CUBA	HAVANA				CUBA	HAVANA
4	VALLS	MATILDE	23	F	M	NONE	YES	SPANISH	YES	CUBA	CUBAN	CUBA	HAVANA				CUBA	HAVANA
5	GIRALDEZ	DALMACIO	56	M	W	PHARMACIST	YES	SPANISH	YES	CUBA	SPANISH	SPAIN	PONTEVEDRA				CUBA	HABANA
6	QUEVEDO	JULIO F	54	M	S	EMPLOYEE	YES	SPANISH	YES	CUBA	CUBAN	CUBA	HAVANA				CUBA	HAVANA
7	MC DOWELL	JACK	35	M	S	R.R. CLERK	YES	ENGLISH	YES	CANADA	ENGLISH	CANADA	LONDON ONT.				CANADA	LONDON
8	CURBELO	JULIA E	26	F	S	School TEACHER	YES	SPANISH	YES	CUBA	CUBAN	CUBA	REGLA				CUBA	HAVANA
9	DE RODRIGUEZ	MARIA C	49	F	M	NONE	YES	SPANISH	YES	CUBA	CUBAN	CUBA	HAVANA				CUBA	HAVANA
10	RODRIGUEZ	MARION	27	F	S	BANK EMPLOYER	YES	SPANISH	YES	CUBA	CUBAN	CUBA	HAVANA				CUBA	HAVANA
11	ROJAS	JUAN	63	M	M	RETIRED	YES	SPANISH	YES	CUBA	CUBAN	CUBA	ESPERANZA				CUBA	HAVANA
12	ROJAS	JESUS	21	M	S	STUDENT	YES	SPANISH	YES	CUBA	CUBAN	CUBA	HAVANA				CUBA	HAVANA
13	PERA	ALFONSO	42	M	M	MERCHANT	YES	SPANISH	YES	CUBA	CUBAN	CUBA	HAVANA				CUBA	HAVANA
14	LEDO	JESUS	33	M	M	MERCHANT	YES	SPANISH	YES	CUBA	CUBAN	CUBA	ESPERANZA				CUBA	HAVANA
15	ACOSTA	CARLOS J	35	M	M	PHARMACIST	YES	SPANISH	YES	CUBA	CUBAN	CUBA	CARTAGENA				CUBA	HAVANA
16																		
17	CAMPA	EMILIO	38	M	M	MERCHANT	YES	SPANISH	YES	SPAIN	SPANISH	SPAIN	OVIEDO	PV 342 3-2	HAVANA CUBA	NOV 3 1937	CUBA	HAVANA
18	GONZALEZ	JOSE	38	M	M	MERCHANT	YES	SPANISH	YES	SPAIN	SPANISH	SPAIN	OVIEDO	PV 651	HAVANA CUBA	MAY 5 1938	CUBA	HAVANA

Fig. 13.2. The National Archives at Washington, D. C.; Washington, D. C.; Series Title: *Passenger Lists of Vessels Arriving at Miami, Florida;* NAI Number: *2788508.*

A su regreso a la Isla, en 1940, Hilda, Elena y Rosa cursaron el bachillerato en el Instituto de Segunda Enseñanza de la Víbora. Pablo no tenía muy clara su vocación, y Giráldez le exigió estudiar la carrera de Farmacia, en la Universidad de La Habana. El primogénito la empezó, pero se había cansado de estudiar y la abandonó. Dalmacio le dijo: «El que no estudia, tiene que trabajar». El 20 de mayo de 1940, Pablo Giráldez Rodríguez marcharía a los Estados Unidos para abrirse su propio camino. Dalmacio se indignó; si bien perdonó a su hijo con el tiempo.

Después de la partida de Pablo Giráldez, en 1949, la familia se mudó para el edificio de la calle E, número 505, entre 21 y 23, apartamento 6, en la barriada del Vedado. Esa sería la residencia definitiva de la familia Giráldez. Aunque no era una de sus propiedades, años más tarde, se convertiría en la vivienda de Rosa y Elena, hasta 2014.

Dalmacio tuvo a sus hijos presentes en todo momento. El 15 junio de 1947, Giráldez viajó a Nueva York para pasar tres meses con Pablo. Desde allí, el 28 de junio, le envió esta postal a Rosita (Fig. 13.3):

> Una rosa para mi Rosita, a quien le suplico una carta, pues, creo que nunca vi tu letra.
>
> Tu papá
> Dalmacio

Fig. 13.3. Postal de mi abuelo Dalmacio a su hija Rosita, New York, 28 de junio de 1947. Cortesía de Rosa Giráldez.

El 19 de abril de 1951, le escribía a su hija Hilda desde la Habana:

> Mi querida Hilda:
>
> Después de muchos días sin carta tuya, hoy se recibieron dos. No estaban sin noticias de tu vida.
>
> De Pablo llevo como 15 días sin saber nada. Lo imagino trabajando y sin tiempo para nada.
>
> Muchos besos.
> Tu papá

Y el 4 de junio de 1951, le escribió a su hija Elena desde La Habana:

> La Habana, 4 de junio de 1951
>
> Querida Elenita:
>
> Te adjunto un giro postal por $50.00, que emplearás de la mejor manera posible. Días pasados, te remití un cheque por $180.00, que supongo ya en tu poder.
>
> Muchos besos.
> Tu papá

También Dalmacio enseñó a sus hijos la importancia de ahorrar. «Hay que comerse hasta la suela de los zapatos», era su frase favorita. Con posterioridad a su fallecimiento, en una pared del apartamento 6, ellos encontraron una bolsa muy parecida a esas de los tesoros que, en libros y películas, buscan los corsarios y piratas. La misma contenía dinero. En cambio, la Revolución Cubana había triunfado y no pudieron canjearlo.

Asimismo, es justo señalar que Dalmacio tenía a su familia gallega presente. En la carta que le escribe a Hilda, en 1956, le cuenta sobre la boda de Elisita, la hija de su hermana Elisa:

> «Creo haberte dicho de la boda de Elisita. Fue entre familia, se comió bien, se bebió mejor y se desentonó cuando se llegó al canto».

Por su parte, sus hermanas Elisa y Marina lo adoraban. Elisa lo ponía de ejemplo a la hora de regañar a sus hijos y nietos. Y cuando falleció Marina el 26 de junio de 1951 a los cincuenta y nueve años, Dalmacio recibió esta misiva de Mariano García:

> Querido Dalmacio:
>
> Ya supongo que estarás enterado de la muerte de Marina, que, la pobre, tantas ganas tenía de verte. Y que siempre le decíamos que en este verano vendrías, pero, la pobre, se marchó con ese desconsuelo.
>
> Un abrazo
>
> Mariano García[1]

---

1. Mariano García era pariente de mi abuelo Dalmacio, pues se casó con una hija de una hermana de mi bisabuela Gumersinda (Marina Troncoso, mensaje por WhatsApp a la autora, 8 de octubre de 2022).

Igualmente, cada vez que pudo, Giráldez trató de ayudar a su parentela de Galicia en la distancia. La carta de Benito Novoa, de julio 20 de 1954, es una prueba de ello:

> Querido Dalmacio:
>
> Hace días, fuimos visitados por el amigo Manuel Gil, quien nos entregó un paquete que tú has tenido la amabilidad de entregarle. Todos agradecemos los regalos, más que nada por haberse acordado de nosotros, sintiendo no poder corresponder como es nuestro deseo.
>
> Benito Novoa[2]

En agosto de 2018, visité el terruño gallego con mi esposo y mis hijos Olivia y Alex. Fuimos al Ángel de la Guarda con Carlos, el cónyuge de mi prima Marina, para localizar la casa donde nació mi abuelo. Llegamos a una calle desierta y silenciosa, en la que apenas se divisaban tres casas. En una de las viviendas, tres personas en el portal nos miraron con recelo. Carlos les informó que yo era la nieta de Dalmacio Giráldez. Al oír el nombre, el señor se levantó. Mirándome a los ojos, con emoción, me dijo que había conocido a mi abuelo de niño, pues, su padre trabajó con Giráldez en Cuba.

Luego, él llamó a su vecina Tarsila Giráldez —que era la nieta de Cándido, hermano menor de mi bisabuelo Benito—. Ella se nos acercó, me abrazó y, entre lágrimas, nos contó en gallego que, de niña, su padre no tenía dinero para comprarle zapatos e iba descalza a la escuela. Tan pronto mi abuelo se enteró, buscó la forma de adquirirlos. A pesar de sus setenta años, ella no había olvidado el gesto de don Dalmacio (Tarsila Giráldez, en conversación con la autora, 14 de agosto de 2018).

Ahora bien, Dalmacio Giráldez Buceta no permitía que se aprovecharan de él. Les aconsejaba a sus hijas que «era mejor regalar dinero que prestarlo». Mi prima Mimí conoció a mi abuelo a los trece años. Ella lo recordaba como un hombre de carácter muy fuerte, que le infundía tal respeto que rayaba en cierto temor. Me contó que su abuela paterna le había pedido dinero prestado a Dalmacio. La señora falleció sin poder devolvérselo. Al tiempo, su madre le pidió a Giráldez que le vendiera las pertenencias que le quedaban en Valeije

---

2. No debe confundirse a Benito Novoa con Benito Giráldez, el padre de mi abuelo. Benito Novoa se casó con una de las hermanas de Domiciano Giráldez, el esposo de Elisa Giráldez (Rosa Giráldez, en conversación con la autora, 6 de diciembre de 2006).

porque ella vivía en Cuba. Mi abuelo las liquidó; mas, como la suegra de María Dolores (Lola) no le había devuelto el dinero, le informó que se iba a quedar con las ganancias (Mimí Valdés, en conversación con la autora, 16 de marzo de 2019).

Las circunstancias por venir obligarían a mi abuelo Dalmacio a desdoblarse en hombre de negocios, ya que «el hombre que se levanta es aún más grande que el que no ha caído». Concepción Arenal (1820-1893), pensadora, periodista, poeta y autora dramática española.

Capítulo 14
SEGUNDA ETAPA DE NEGOCIOS

Quiero una casa edificar
como el sentido de mi vida.
Quiero en piedra mi alma dejar
erigida.

RAMÓN MARÍA DEL VALLE INCLÁN
(*Karma*)

Tras su establecimiento definitivo en Cuba, Dalmacio Giráldez reanudó sus negocios habaneros. Desde ese momento y hasta su muerte, en 1957, continuó adquiriendo inmuebles que le permitieran percibir rentas mensuales. El 1.º de febrero de 1927, antes de trasladarse a España, había otorgado su primer testamento. No hemos tenido acceso a su contenido, pero la cuenta particional de 1932 lo hace innecesario.

El 2 de junio de 1947 hizo su segundo y último testamento, cuando contaba con sesenta y cinco años. En este, se valió de una de las fórmulas usuales en esos documentos: al referirse a sus bienes, dijo que eran «todos los que aparezcan como tales a su fallecimiento». De ahí que la información sobre estos provenga de la cuenta particional hecha por sus hijos en 1957 (Enrique López, correo electrónico a la autora, 3 de enero de 2016).

En dicho testamento destacaba la lealtad que mantuvo, al expresar que, era su deseo que a su fallecimiento «sus funerales sean lo más modestos posible».

En la cuenta particional de sus bienes de 1957, figura como propietario de las siguientes edificaciones (cuando el peso cubano y el dólar valían lo mismo en Cuba).

Casa: calle Goicuria 115, e/ Estrada Palma y Luis Estevez, Vibora. $12 000 pesos	Edificio: calle Marquez Gonzalez #156 y 158, e/ Neptuno y Concordia, Centro Habana. $18 125 pesos	Edificio: calle Lealtad e/ Neptuno y Concordia, Centro Habana. $15 000 pesos
Edificio: calle 6 #510, Vedado. $16 000 pesos	Edificio: calle 6 #508, e/ 21 y 23, Vedado. $13 875 pesos	Edificio: calle Aguila #712, e/ Maloja y Estrella. Centro Habana. En planta baja la farmacia Mercy. $70 000 pesos

1. Un edificio de tres pisos, en la calle Lealtad, número 263, entre Neptuno y Concordia, en Centro Habana. Cuenta con tres casas. Lo había adquirido el 27 de mayo de 1932, y su valor era de 15 000 pesos.
2. Un edificio de tres plantas, ubicado en la calle Marqués González, números 156 y 158, entre Neptuno y Concordia, que consta de seis casas. Según este documento, lo había adquirido el 14 de marzo de 1933, y estaba valorado en 18 125 pesos, en moneda nacional.
3. Una casa de una planta, en la calle Goicuría, número 115, entre Estrada Palma y Luis Estévez, en el barrio de Arroyo Polo, la Víbora, con un valor de 12 000 pesos. Lo poseía desde el 29 de abril de 1932.
4. Un edificio de dos plantas, en la calle 6, número 508, entre 21 y 23, en la barriada del Vedado. Giráldez era su propietario desde el 1.º de febrero de 1952, y su valor era de 13 875 pesos. Son dos casas independientes.
5. Otro edificio, contiguo, en la misma calle 6, con el número 510. Lo había adquirido en la misma fecha que el anterior. A pesar de ser iguales, fue valorado en una suma mayor: 16 000 pesos. Consta de dos casas.
6. Un edificio de cuatro plantas, ubicado en la calle Águila, número 712, entre Maloja y Estrella, en Centro Habana. Cada una de las tres plantas superiores consta de tres apartamentos, y un apartamento en la azotea. En la planta baja radicaba la farmacia Mercy, con todas las instalaciones propias de este tipo de comercio. Dalmacio Giráldez Buceta compró este

edificio el 1.º de junio de 1954, y su valor era de 70 000 pesos. En total, eran diez apartamentos y un comercio.

El conjunto de edificaciones descrito totalizaba catorce casas y diez apartamentos, cuyo alquiler le debió proporcionar a Giráldez un rédito mensual de alrededor de mil pesos. A esto, se añade que él continuó operando la farmacia Mercy establecida en la planta baja del edificio de la calle Águila, en Centro Habana, la cual puso en manos de su hija Hilda, graduada de esa especialidad.

Sobre de carta con el membrete de la farmacia Mercy de Dalmacio Giráldez. Cortesía de Hilda Giráldez.

En la mencionada cuenta particional de 1957, no existen referencias a créditos hipotecarios ni a cuentas bancarias en Cuba. Sin embargo, ese mismo año 1957, su hija Elena viajó a España para recibir, a nombre propio y de sus hermanos Pablo, Hilda y Rosa, los bienes que Dalmacio Giráldez Buceta conservaba en su patria y para la realización de esos trámites necesarios.

Como aclaración, debemos mencionar que aunque a Dalmacio le gustaba explorar oportunidades comerciales, su padre, al fallecer, el 12 de diciembre de 1908, le dejó una herencia. Todo parece indicar que, a pesar de las discrepancias con su hijo, Benito Giráldez González no olvidó a Dalmacio antes de su «partida». Existen dos pruebas de ello: la primera, el sable de acero toledano y la segunda, Giráldez conservó en una caja de seguridad de un banco de Vigo, una copia de la distribución de bienes de su padre.

En el documento de Partición de la herencia de Benito Giráldez entre sus hijos Dalmacio y Elisa, se conoció que mi abuelo heredó de su padre:

1. La mitad de la casa el Pazo, de la porción del hórreo y del monte del lugar.
2. La mitad de la porción del labradío en la «do Muiño» proindiviso con su hermana Elisa.
3. Labradío y viña A Costa (por arriba del cauce de las Dozares, en la Costa o Cima de la Costa).
4. El Monte Soar da Costa.
5. El monte Carqueixal da Costa.
6. La mitad de la casa de la Miñoteira. Dalmacio, en un documento privado escrito el 25 de septiembre de 1929, cede su parte a su hermana Elisa (Fig. 14.1):

> Hago cesión de la parte de casa que heredé de mi padre D Benito Giráldez y González, en el lugar de la Miñoteira, que linda con la parte que heredó mi hermana Doña Elisa Giráldez y Buceta, a mi citada hermana, la que puede hacer público este documento privado el día que logre conveniente.
>
> Valeije 25 de septiembre de 1929
> Dalmacio Giráldez

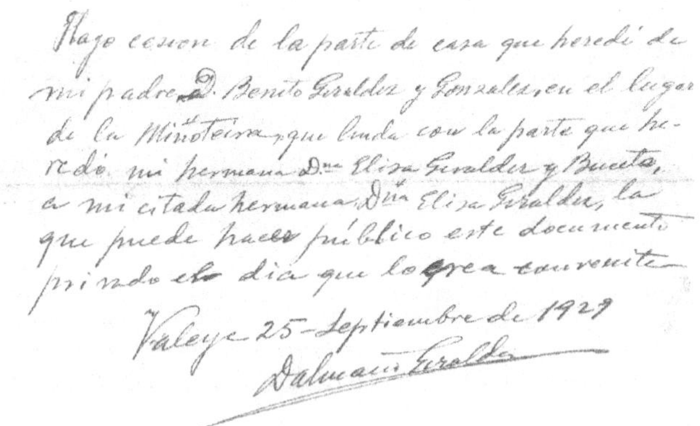

Hago cesion de la parte de casa que heredé de
mi padre D. Benito Giraldez y Gonzalez, en el lugar
de la Miñoteira, que linda con la parte que heredó mi hermana D.ña Elisa Giraldez y Buceta,
a mi citada hermana D.ña Elisa Giraldez, la
que puede hacer público este documento
privado el dia que logre conveniente
Valeye 25-Septiembre de 1929
Dalmacio Giraldez

Fig. 14.1. Documento privado de mi abuelo Dalmacio a su hermana Elisa. Cortesía de Sisa Fernández.

Dalmacio, además, adquiriría de Benito:

1. Mil quinientos pesetas (1500) registradas en billetes del banco.
2. Doscientos sesenta y cinco pesetas (275) existentes en oro.
3. Ocho mil pesetas (8000).
4. Cuatro mil pesetas (4000).
5. Mil novecientos pesetas (1900).

El total de los valores y las pesetas sumaba 16 207.50.

En la misma caja de seguridad del banco de Vigo, su madre, fallecida el 21 de diciembre de 1928, le dejó «una copia del cupo o hijuela correspondiente a Dalmacio Giráldez Buceta en la herencia de Doña Gumersinda Buceta». De modo que mi abuelo obtuvo de su mamá:

1. Seis mil ciento sesenta y seis pesetas (6166).
2. La tercera parte al norte de la mitad al este del monte en «Dehesa de la Costa».

Asimismo, en una caja de seguridad del Banco Central de Vigo, Dalmacio tenía depositadas pólizas y acciones de la Bolsa de Madrid. En otra caja de seguridad del Banco Central de Madrid encontró títulos de la Deuda Amortizable y de la Deuda Interior, cédulas del Banco Hipotecario, del Banco de Crédito Local, acciones de la Compañía Arrendataria del Monopolio de Petróleos, del Banco Central, de la Sociedad Metalúrgica Duro Felguera, de la Compañía Vallehermoso S.A., de Saltos de Alberche, de la Red Nacional de Ferrocarriles Españoles, y de la Compañía Telefónica Nacional de España.

Incluso, Dalmacio Giráldez Buceta tenía valores depositados en una caja de seguridad de la agencia madrileña del Banco de Vizcaya, consistentes en títulos de la Deuda Amortizable y acciones de la Compañía Arrendataria del Monopolio de Petróleos S. A. Igualmente, mi abuelo contaba con una cuenta corriente en cada banco mencionado, cuyo monto total ascendía a 28 882 pesetas. El total de los valores nominales y metálicos de Giráldez en España era de 914 463 pesetas.

La de Dalmacio Giráldez Buceta había sido una vida de trabajo, inteligencia y amor, que le había permitido obtener bienes capaces de garantizar el futuro de sus hijos. Pues, tal como declarara el poeta español Lope de Vega (1562-1635): «la raíz de todas las pasiones es el amor. De él nace la tristeza, el gozo, la alegría y la desesperación».

Pintura dedicada a mi abuelo, (Madrid, 1934). «A Don Dalmacio Giráldez, con el afecto de su buen amigo Huertas». Cortesía de Elena Giráldez.

Capítulo 15
EL DOCTOR GIRÁLDEZ

Y yo me iré; y estaré solo, sin hogar, sin árbol
verde, sin pozo blanco,
sin cielo azul y plácido...
Y se quedarán los pájaros cantando.

JUAN RAMÓN JIMÉNEZ
(El viaje definitivo)

Ya vimos que Dalmacio Giráldez se graduó de doctor en Farmacia el 19 de junio de 1906. Para sufragar sus estudios, había trabajado como técnico en un laboratorio madrileño. De igual forma, cursó la carrera de Piloto de Navegación, aunque no ejerció este oficio.

Además, ya en Cuba, Giráldez adquirió una farmacia en la lejana villa de Baracoa. Fue su propietario durante catorce años, hasta 1926, cuando la vendió, puesto que se había casado y establecido definitivamente en La Habana.

Dalmacio Giráldez	1906 —	Culmina estudios de farmacia
	1912 —	Adquiere farmacia en Baracoa

Desconocemos si en su segunda etapa española (1928-1936) Dalmacio Giráldez adquirió otro establecimiento similar en Madrid o trabajó en alguno ajeno. Tampoco sabemos si, a su regreso forzado a Cuba, causado por la Guerra Civil Española, se vinculó nuevamente con tal profesión.

Sin embargo, el 2 de noviembre de 1951 acreditó su condición de pensionado del Seguro Farmacéutico y obtuvo el carnet de identificación correspondiente (Fig. 15.1). De ahí que, en 1957, haya sido sepultado en el panteón del Colegio de Farmacéuticos de La Habana.

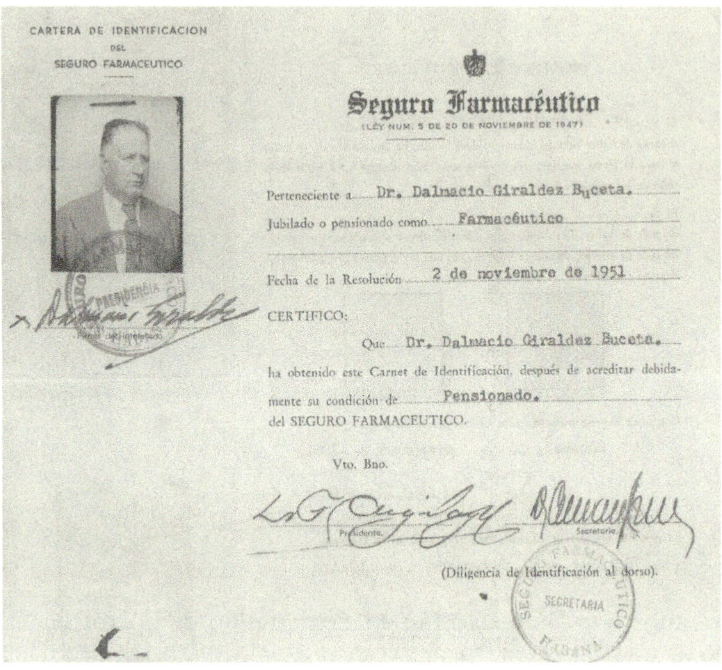

CARTERA DE IDENTIFICACION
DEL
SEGURO FARMACEUTICO

Seguro Farmacéutico
(LEY NUM. 5 DE 20 DE NOVIEMBRE DE 1947)

Perteneciente a Dr. Dalmacio Giraldez Buceta.
Jubilado o pensionado como Farmacéutico

Fecha de la Resolución 2 de noviembre de 1951

CERTIFICO:
Que Dr. Dalmacio Giraldez Buceta.
ha obtenido este Carnet de Identificación, después de acreditar debidamente su condición de Pensionado.
del SEGURO FARMACEUTICO.

Vto. Bno.

Presidente. Secretario.

(Diligencia de Identificación al dorso).

SEGURO FARMACEUTICO SECRETARIA HABANA

Fig. 15.1. Seguro Farmacéutico de mi abuelo Dalmacio Giráldez Buceta. Cortesía de Rosa Giráldez.

Asimismo, en la documentación consultada consta que, en 1954, Dalmacio compró el edificio de cuatro pisos de la calle Águila, número 712, entre Maloja y Estrella, en Centro Habana. Ese inmueble sería propiedad familiar hasta 1960, junto con la farmacia Mercy, en la planta baja del mismo. En esa farmacia laboró durante un tiempo su hija Hilda. Es probable que Dalmacio haya comprado el edificio y la farmacia con la esperanza de que mi madre siguiera sus pasos profesionales, quien fuera la única de sus hijas que se graduó de doctora en Farmacia.

A su vez, hasta 1960, las hermanas Giráldez-Rodríguez se mantuvieron en posesión de la propiedad familiar de los edificios 508 y 510 del Vedado, y una casa en la calle Rosa Enríquez, en el barrio de Luyanó. De esta última, solo se había hecho mención en la cuenta particional de 1932, si bien no en la de 1957.

En diciembre de 2009, mi esposo, mis hijos y yo convencimos a mi tía Rosa para filmar un video familiar. Ella nos sugirió visitar la antigua farmacia Mercy de Dalmacio, ubicada en la barriada de Centro Habana. Al llegar, descubrimos que de aquella botica no quedaba rastro alguno, y que el edificio se encontraba en muy mal estado.

En 2017, Enrique López Mesa, un amigo de mi madre y mis tías, visitó las viejas propiedades de la cuenta particional de Dalmacio de 1957, excepto la casa en Goicuría, número 115, en el reparto de Santos Suárez. Sobre las otras, comentó que eran de construcción sólida y aún estaban bien conservadas.

◆◆◆

El 20 de mayo de 1955, Dalmacio Giráldez viajó a los Estados Unidos; hizo escala en Miami y luego se dirigió a Nueva York, para visitar a Pablo y, posiblemente, para depositar dinero en el banco.

Su último pasaporte cubano, fechado el 9 de marzo de 1955, lo describe como un hombre alto, de ojos pardos y cabello canoso (Fig. 15.2). El mismo muestra una visa confirmada por la Embajada de los Estados Unidos del 20 de febrero de 1957, válida hasta el 15 de mayo de 1959.

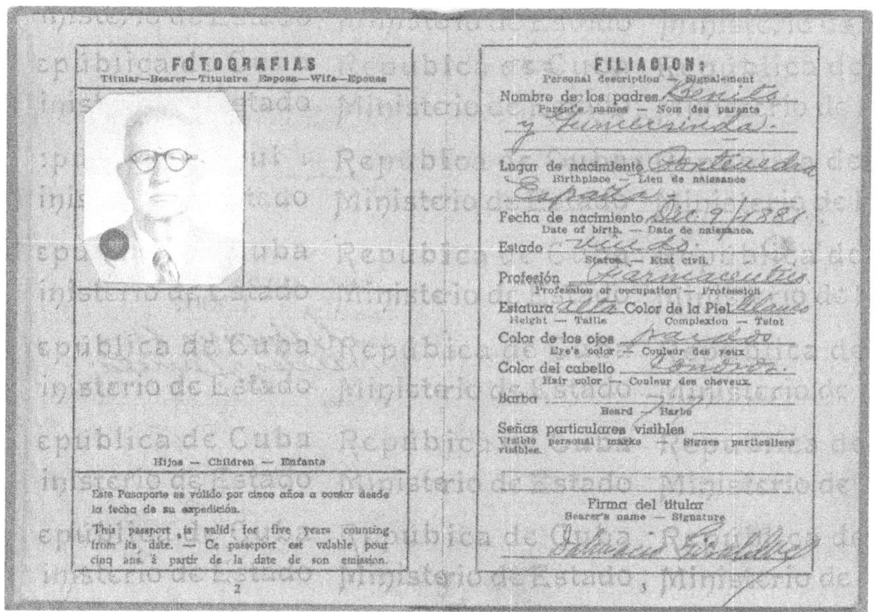

FOTOGRAFIAS
Titular—Bearer—Titulaire Esposa—Wife—Epouse

Hijos — Children — Enfants

Este Pasaporte es válido por cinco años a contar desde la fecha de su expedición.

This passport is valid for five years counting from its date. — Ce passeport est valable pour cinq ans à partir de la date de son emission.

2

FILIACION:
Personal description — Signalement

Nombre de los padres
Parent's names — Nom des parents

Lugar de nacimiento
Birthplace — Lieu de naissance

Fecha de nacimiento
Date of birth. — Date de naissance.

Estado
Status. — Etat civil.

Profesión
Profession or occupation — Profession

Estatura Color de la Piel
Height — Taille Complexion — Teint

Color de los ojos
Eye's color — Couleur des yeux

Color del cabello
Hair color — Couleur des cheveux

Barba
Beard — Barbe

Señas particulares visibles
Visible personal marks — Signes particuliers visibles.

Firma del titular
Bearer's name — Signature

3

Fig. 15.2. Último pasaporte cubano de mi abuelo Dalmacio Giráldez Buceta. Cortesía de Pablo Giráldez.

Dalmacio Giráldez en Vigo, 1953. *De izquierda a derecha:* amigos de la familia, mi madre Hilda y mi abuelo. Cortesía de Hilda Giráldez.

En 1956, Franco había iniciado una apertura, tras sus pactos con el gobierno de los Estados Unidos de América y la visita del presidente Eisenhower a España. Esto permitió que Dalmacio Giráldez pudiera viajar ese año a su patria, y permanecer allí por seis meses. Sería la última vez que viera su terruño gallego, tan lleno de recuerdos.

Como prueba de que sus ideales sociales no habían cambiado, en el viaje de 1956, le escribió a su hija Hilda desde Madrid:

> Madrid, 15 de julio de 1956
>
> Querida Hilda:
>
> Recibí tu carta en que me das cuenta de la situación en esa y de los adelantos.
>
> Las clases gubernamentales en los países burgueses no tienen otro punto de mira que extraer lo más posible de los elementos trabajadores para beneficio de la pandilla adueñada del mundo.
>
> El gobierno franquista acaba de decretar un aumento de 20 % en los jornales de los trabajadores, pero al mismo tiempo el sueldo de los militares lo aumentaba a un 40 %. Seguramente porque el estómago de los galoneados tiene doble capacidad que el de los trabajadores ...
>
> Besos,
> Tu papá

Dalmacio Giráldez en Madrid, 1956. *De izquierda a derecha*: mi tía Rosa, mi abuelo y mi tía Elena. Cortesía de Elena Giráldez.

Se cuenta que mi abuelo Dalmacio fue una persona sencilla, agradable, muy culta y educada. A pesar de su defecto visual, leía muchísimo. En su biblioteca personal poseía obras de José Martí, Rosalía de Castro, Federico García Lorca. También de los autores estadounidenses Henry Thomas y Dana Lee Thomas en sus *Living Biographies y Elbert Hubbard*, lo que demuestra su dominio de la lengua inglesa. Cuando sus hijas le hacían alguna pregunta, él decía: «Tengo unas hijas muy buenas, pero muy ignorantes». Sin embargo, ya todas tenían nivel universitario.

En el video familiar de diciembre de 2009, Rosita comentó:

> Mi papá era una persona muy preparada y tenía conocimiento de muchas materias, como Botánica, Astronomía, Geografía e Historia. Cuando le preguntábamos, él sabía de todo, se pasaba horas enteras leyendo. Cuando era pequeñita, recuerdo que, en Galicia, él me iba diciendo [...] esta es la estrella polar, esta es la constelación de tal [...]. Cogía una piedra y sabía su clasificación... ¡vaya!, todo lo sabía.

A pesar de las diferencias políticas con muchos de sus amigos y familiares, era muy respetado por todos. Un hombre brillante, de carácter muy fuerte, a quien le daba placer ayudar a otros. Cierta vez, su hija Rosita le preguntó:

> —Papá, si tú eres capitalista y tienes dinero, ¿cómo puedes tener ideas de izquierda?

Y me contestó:

> —En un país capitalista, si no haces dinero y no tienes algo, estás frito. Entonces, si vives en un país capitalista y quieres vivir decentemente, tienes que adaptarte. Yo podía haber tenido mucho más dinero del que tengo, pero he repartido mucho, y he sido muy bondadoso con mis conciudadanos.

Adiós a la vida

Dalmacio Giráldez «partió del mundo» en la clínica La Benéfica, del Centro Gallego de La Habana, el 22 de marzo de 1957, a los setenta y cinco años, víctima de un infarto cardíaco. Fue sepultado en el Cementerio de Colón, en el Panteón del Colegio Farmacéutico (Figs. 15.3 y 15.4).

Fig. 15.3. Lápida donde descansan los restos de mi abuelo Dalmacio Giráldez, Cementerio de Colón, La Habana. Cortesía de Alejandro Salinas.

Fig. 15.4. Cementerio de Colón, Panteón del Colegio Farmacéutico. Cortesía de Alejandro Salinas.

En su último testamento, resaltaba la fidelidad que Giráldez mantuvo a sus ideas progresistas, al declarar que deseaba que, a su muerte, «sus funerales fueran lo más modestos posible, libres de toda ostentación y excluidos de toda secta o religión». Murió en su ley.

La noticia de su fallecimiento llegó a Galicia y sus hijas recibieron diversas cartas de condolencia, como esta de Elisita, hija de su hermana Elisa y sobrina de Dalmacio, quien escribió desde la aldea natal a los hermanos Giráldez, en nombre de su madre y su hermano Román.

Valeije, 27 de marzo de 1957

Queridos Hilda, Elena, Rosa y Pablo,

Ya podéis imaginaros la sorpresa y pena tan grande que nos causó el fallecimiento de vuestro querido padre, pues hacía unos días que habíamos recibido carta de él, en la que nos decía que estaba bien, y lo único que se quejaba era de la falta de olfato.

Mamá está abatida con la noticia, y hemos tardado un día en decírselo porque estaba en cama enferma de gripe, esperamos a que se levantara para que no le afectara tanto la funesta y desagradable noticia, aun así, la pobre no encuentra el consuelo para resignarse, no haciendo más que llorar, recordándonos lo bueno que fue con ella y la protección que le dispensó.

Tenéis que tener resignación, y comprender que es una cosa natural y que es el fin que a todos nos espera, aunque no queramos verlo así.

Por casa están pasando todas las amistades, dándonos el pésame y haciéndolo extensivo a vosotras.

Mamá, igual que nosotros, queremos haceros presente que, en esta casa, sois como hijos y hermanos, y como tales, sois recibidos, por el cariño que os tenemos y por el trato íntimo que siempre tuvimos desde pequeños, esperando que pronto vengáis, pues creemos que por vuestros intereses será necesario y si veis que algo podemos hacer en ese sentido, disponer de nosotros incondicionalmente.

Supongo que Pablito esta con vosotros, si vosotras no tenéis ánimo para escribir, que lo haga Pablo.

Un fuerte abrazo de vuestra tía, primos que os quieren

Elisa, Elisita, Román, Joaquín

Igualmente, recibieron, desde Galicia, el pésame de Maruja Albo:

Vigo, 31 de marzo de 1957

Queridos Hilda, Elena, Rosa y Pablo,

En este momento, me entero del fallecimiento de vuestro querido padre, a quien tanto queremos en esta casa. Me impresionó muchísimo la noticia, pues no sabía que estuviese enfermo. Y, si no estuvieseis tan lejos, me gustaría poder acompañaros en estos días tan tristes; y ya que no puede ser materialmente, en espíritu y con mis oraciones estoy a vuestro lado pidiendo para él, el descanso eterno, y para vosotras, la resignación necesaria para soportar una pena tan grande.

Sé lo unidos que estabais, y lo triste que tiene que ser esta separación; y sé, por experiencia, que solo el tiempo es capaz de amortiguar el dolor de los primeros momentos.

Besos de Maruja

Del mismo modo, Jesús García Montero escribió:

Vigo, abril de 1957

Mis queridos Hilda, Elena, Rosita y Pablo,

Hace unos días, y por casualidad, he tenido noticias del fallecimiento de vuestro querido padre Dalmacio.

Habéis perdido un buenísimo padre; y nosotros, una gran persona. Desde muy pequeño, he tenido simpatía y cariño verdaderos por vuestro padre; y, a pesar de la lejanía y el poco tiempo que pasaba últimamente con nosotros, conservo muy vivo y el mejor de los recuerdos.

Recibid mi cariñoso afecto de Jesús

Pero el mejor epitafio para Dalmacio Giráldez Buceta fue el poema que, años después, le dedicara su hija Rosa (Giráldez y Purdy 2022, 3):

A mi padre Dalmacio Giráldez Buceta

Cuando mi padre se fue,
se fue el alba y el rocío,
se oyó gemir a los pinos
y a las piedras del camino.

Cuando mi padre se fue,
se fue el azul del cielo
se oyó bramar a los montes
y a las aguas de los ríos.

Cuando mi padre se fue
quedó su amor y su ejemplo
voló su voz y su eco
y se rompió el silencio
triunfó el ideal de mi padre
su semilla germinó.

Por su parte, las hijas de Dalmacio habían sido fieles al espíritu de superación que les inculcara su padre. Hilda se graduó de Doctora en Farmacia el 23 de septiembre de 1949 y de Bibliotecología en 1960 y Rosa de Doctora en Ciencias Físico Químicas el 28 de septiembre de 1951. Elena se graduaría de Profesora de inglés y después de Bibliotecaria, el 5 de octubre de 1974. Pablo Giráldez y sus hermanas no perdieron el sentido de su origen familiar y realizaron visitas periódicas a Valeije. Tradición que ha continuado su única nieta, Maida, la que, a su vez, la ha trasmitido a sus hijos, Olivia y Alex.

Mi abuelo Dalmacio Giráldez Buceta, La Habana, 1956. Cortesía de Pablo, Hilda, Elena y Rosa Giráldez.

EPÍLOGO

La idea de escribir acerca de mis raíces españolas surgió al ver la lista mecanografiada por mi tía Rosita, encabezada con «el sable del abuelo». Ahí, empezó mi curiosidad de indagar quién era el «abuelo» de mi madre Hilda y mis tíos Pablo, Elena y Rosa Giráldez, y de quien jamás había oído mencionar.

Entonces, me vino a la mente aquel viejo sable que, solemne y orgulloso, formó parte de mi infancia y mi juventud.

La búsqueda del «sable del abuelo» me había dejado intrigada. Resulta que no lo había visto en mucho tiempo, y eso me «cosquilleaba». Así, en 2015, visité La Habana, en compañía de mi esposo e hijos, y nos dimos a la tarea de hallarlo. Y lo encontramos, tras una intensa exploración en el apartamento 2 del Vedado; estaba muy bien protegido en uno de los dormitorios.

Su historia nos remonta a la antigua ciudad española de Toledo. Alrededor de 1890, su acero fue fundido en la fábrica, y luego convertido en el sable actual, objeto, símbolo y protagonista de tantas historias, muchas de estas, familiares. Seguidamente, formó parte del uniforme de gala del coronel Benito Giráldez, mi bisabuelo. Al fallecer, su hijo Dalmacio lo trasladó a La Habana. Allí por muchos años, honró las paredes del apartamento 6 de la calle E, del número 505, en el citadino barrio del Vedado.

En 2017, luego de trámites migratorios complejos, lo embarqué a su destino final. Hoy día, adorna la pared de mi hogar miamense, orgulloso de «escoltar» a las generaciones venideras.

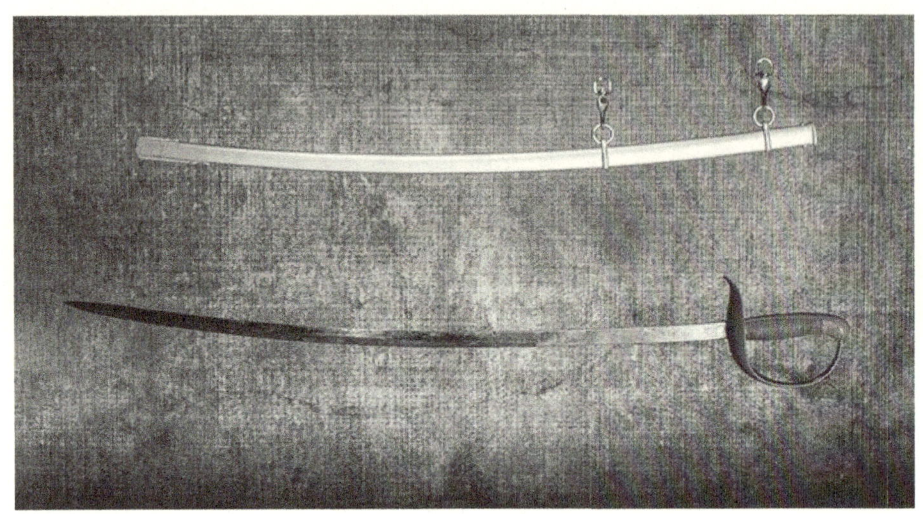

El sable de acero toledano de mi bisabuelo Benito Giráldez González.
Foto por Jorge Quadreny.

Profundizar sobre la vida de mis abuelos Angustias y Dalmacio Giráldez me ha conducido por un camino emocionante. Pero... Con lamento, en marzo de 2018, sentí que tamaño proyecto «escapaba de mis manos» y tomaba un rumbo equivocado. Por lo que decidí abandonarlo, y me comuniqué con Enrique, un amigo invaluable que, hasta su repentino fallecimiento, fue el primer editor del libro. Sin embargo, en abril de 2018, este deseo dio un giro total...

El sueño

Despierto en la madrugada y te veo frente a mí, como en las fotografías de antaño, con tu sombrero de caballero y tus espejuelos de cristal. Adormecida, escucho tu acento español, que me traslada a Galicia y a tu romance de juventud.

Sin dejar de contemplarme, tomas mis manos entre las tuyas. Y te quedas a mi lado, deteniendo el paso de los siglos para trasmitirme tu mensaje.

Verte sentado en la misma silla de madera me ha devuelto la ilusión de escribir y conocer tu mundo. Mas no puedo evitar que el sueño me venza, y lo maldigo por su insolencia egoísta.

Doy la vuelta en mi cama para pedirte que, por favor, no te vayas aún, que me esperes hasta la mañana. Y me duermo.

◆◆◆

Amanece. Afuera llueve a cántaros. El olor a humedad penetra por las ventanas de la habitación.

Cierro los ojos. Una extraña sensación de alegría invade mi cuerpo. La nitidez de tu presencia y el sonido de tu voz han dejado un eco en mi corazón.

Con nostalgia, busco tu retrato en el álbum de fotos. No obstante, tu mirada inerte me regresa a mi realidad.

Suspiro. Por fin, entiendo que me has contactado para continuar nuestra historia familiar.

Resignada, sigo mi vida, e ignoro la lágrima fugaz que se escapa de mis ojos al recordarte en el sueño, mi entrañable abuelo Dalmacio Giráldez Buceta.

Hola lector(a), has llegado hasta el final. Muchas gracias por leer mi historia familiar… ¡Anímate a contar la tuya! Te paso, entonces, la antorcha; ahora, el legado de tu familia queda en tus manos…

Este libro, ¿te ayudó de alguna manera? Si lo fue, me encantaría saberlo, puesto que las reseñas ayudan a los lectores a hallar el libro adecuado a sus necesidades. ¿Te importaría dejar una reseña honesta?

Si decides dar tu opinión, escanea este código QR para acceder a tu cuenta de Amazon y seguir las instrucciones. Un saludo.

AGRADECIMIENTOS

Desde 2016, he contraído una deuda de gratitud con familiares, amigos y otras personas que conocí durante el curso de esta investigación que, sin ellos, esta historia no hubiera salido a la luz. Aunque es inevitable incurrir en olvidos, quiero pedir disculpas de antemano porque nunca sería por ingratitud.

En primer lugar, a Alejandro Salinas Hernández, mi esposo de más de veinte años, por su amor y su apoyo en la creación de este libro, por la lectura paciente y sagaz de todos los borradores, y por motivarme a cumplir mi sueño.

A mis hijos Olivia y Alex Salinas Purdy, el mejor regalo que he recibido de la vida, y mi fuente de inspiración. Nunca he querido ni querré a nadie como los quiero a ustedes… ¡Gracias por existir!

Quiero dedicarles un homenaje exclusivo a personas muy cercanas que, nos han «abandonado», pero que nunca olvidaré: mi tía Rosita, que falleció en medio de la producción del libro, por enseñarme a amar la aldea gallega, recrearme con los recuerdos de su infancia en Galicia, conservar las fotos, los testamentos y documentos importantes de mis abuelos Dalmacio y Angustias, y redactar su testimonio manuscrito para este estudio; mi madre Hilda y mis tíos Elena y Pablo, por ofrecerme su amor ilimitado, inculcarme valores importantes y motivarme a venerar mis raíces gallegas; Enrique López Mesa, primer editor de este libro, y ejemplo de humildad y sapiencia, por apasionarse con la historia y proporcionar materiales imprescindibles para el trabajo; mi suegro, Antonio Salinas Abreu (Tony), por trasladarnos a todos los lugares de Cuba relacionados con la exploración y por quererme como la hija que no tuvo; Ilka Picart Hernández, por escuchar con paciencia la historia de mis abuelos, por su gentil colaboración y ternura maternal.

A mi suegra María del Carmen Hernández Flores (Mica), mi cuñado Antonio Eduardo Salinas Hernández, y Ruddy Campos Ocon, el joven galán de mi hija Olivia, por sus contribuciones claves y su cariño fraternal; a Ana María Uría Peña, por ser una parte esencial de la elaboración del libro.

A la historiadora e investigadora Zoila Lapique Becali y mi primo Ricardo Troncoso García-Cambón, autores de los prólogos, por su confianza en mi relato y sus hermosas palabras. Zoila me regaló cuentos interesantes sobre la vida de mi abuelo Dalmacio; y Ricardo me proporcionó documentos, fotos y confeccionó el *Informe genealógico completo* de mi familia española.

A Sergio Bello Canto, por el esmero en la edición, la corrección, aconsejarme ideas y proporcionarme críticas constructivas. Cualquier error, después de su revisión, es solo mío. Quiero darles mis gracias también a Jorge Quadreny, por la configuración cuidadosa de la cubierta; Thalía Monier, por el diseño y la maquetación del libro como yo lo quería; Carlos Víctor Causo y Thalia Monier, por la ilustración y el arreglo minucioso de las fotos interiores; Elsa Margarita Perdomo Núñez, por la lectura detallada de la versión inicial; Sonia Delgado Ruiz por sus consejos acertados.

A Carlos Mateo Taboas, por permitirme usar la información de su novela *Doña Gumersinda*, localizar las actas de bautismo de mi abuelo Dalmacio y mis bisabuelos Gumersinda y Benito, y por el apoyo infinito en el libro; a mi primo Santi Fernández Giráldez, por facilitar (a través de Facebook y Skype) la comunicación con su madre Elisita. Asimismo, Santi, su esposa Merche Callejo y su hijo Marcos Fernández Callejo, que me enviaron fotografías y testimonios de gran valor para esta investigación; a mis primos Elisita Giráldez Giráldez, Ernesto Troncoso I (quien, tristemente, no se encuentra entre nosotros), y su esposa Torita, Tarsila Giráldez Álvarez, y Mimí Valdés Rodríguez, por autorizarme a incluir sus vivencias y fotografías.

A Marina Troncoso Rodríguez y Sisa Fernández Giráldez, por cocinarnos las comidas típicas gallegas y por su paciencia en responder mis preguntas. Igualmente, Marina nos ofreció su casa de Valeixe en todas nuestras visitas a la aldea, organizó las inolvidables meriendas con los primos gallegos, y colaboró con increíbles narraciones sobre sus abuelos Marina Buceta y Sergio Troncoso, fotografías de valor histórico, así como costumbres de la época. A su vez, Sisa compartió anécdotas familiares referentes a mis abuelos Dalmacio y Angustias, a sus abuelos Elisa Giráldez y Domiciano Giráldez, y a mis bisabuelos Gumersinda Buceta y Benito Giráldez, consiguió los testamentos de mis bisabuelos, facilitó fotografías, cartas, documentos y datos afines con las tradiciones de Valeixe.

A mis primos Maricarmen Troncoso Rodríguez, y su hijo Oscar Troncoso, Ernesto Troncoso II, Elena Troncoso Rodríguez, David, Beatriz y Carlos Troncoso García-Cambón, Gumer y Ro Fernández Giráldez, Susana, y Puerto García García, Cristina Alonso de Cáceres, por asistir a las reuniones en Valeije y compartir las fotografías. A mis primas Paloma y María Luisa González Sanz Agero, por brindar asesoría valiosa.

A las parejas de mis primos gallegos Ana López Feria, la esposa de Ricardo Troncoso, Montse Pérez López, la esposa de Ernesto Troncoso II, María Teresa Puga Sendín, la esposa de Ro Fernández, José María Suarez-Llanos, el esposo de Elena Troncoso, y Juan Marcet Miramontes, el esposo de Cristina Alonso, por su apoyo decidido y entusiasta.

A Hernán Fernández-Barriales López y https://buscar.combatientes.es/, por ayudarme a identificar fuentes adicionales para completar la historia de Dalmacio; Jaime Fariña Fernández, del Arquivo Histórico de la Universidad de Santiago de Compostela (USC), por encontrar la fecha de graduación de mi abuelo de la Carrera de Farmacia; Edi FM, creador del grupo de Facebook A Cañiza en fotos, por permitirme usar la información y las fotos posteadas, y recordarme que Galicia *es y será mi tierra*; Laura Piñero García, de la cadena española SER, por su interés en el avance del libro.

A todos mis agradecimientos, y este libro es resultado de sus contribuciones.

ANEXOS

Anexo 1

La vida de Dalmacio Giráldez Buceta

1881. diciembre 9. (viernes) Nace en Valeixe, A Cañiza, Galicia, España.
1881. diciembre 26. Es bautizado en Valeije, España.
1901. Culmina el Bachillerato.
1902. Marcha a Madrid. Trabaja en Laboratorio Villegas.
1902. Se afilia a la Federación Revolucionaria en Madrid.
1903. Socorre a los heridos en los Carnavales de Vigo.
1906. Culmina los estudios de Doctor en Farmacia.
1912. Viaja a Cuba. Compra la farmacia en Baracoa y una casa en La Habana, Cuba.
1914. Participa en un concurso internacional de farmacéuticos en Baracoa, Cuba.
1915-1955. Realiza viajes a los Estados Unidos.
1920-1936. Envía donativos.
1922. Se hace masón.
1924. Recibe la ciudadanía cubana.
1924. Se casa con Angustias Rodríguez.
1924-1927. Otorga créditos hipotecarios.
1925. Se vincula al Comité Pro-Libertad de España.
1926. Integra la sociedad Hijas de Galicia.
1926. Vende la farmacia de Baracoa.
1928. Regresa a España con ideas de residir.
1930-1954. Adquiere casas, edificios y la farmacia Mercy en Cuba.
1930. Se adhiere a la Liga Nacional Laica en Madrid.
1931. Se afilia a la Cámara Oficial Española de Comercio.
1935. Se asocia a la Unión Mercantil en Madrid.
1936. Huye a Cuba por la Guerra Civil Española.
1951. Acredita su seguro de Farmacéutico en Cuba.
1956. Viaja a España por última vez.
1957. 22 de marzo. (viernes). Fallece a los 75 años en La Habana, Cuba.

Anexo 2
Acta Literal de Bautismo de Dalmacio Giráldez Buceta

ARCHIVO HISTÓRICO DIOCESANO TUI

ACTA LITERAL DE BAUTISMO

Don Avelino Bouzón Gallego, director del Archivo Histórico Diocesano de Tui,

CERTIFICA: Que en el Libro XIV de Bautizados de la parroquia de Santa Cristina de Valeixe (diócesis de Tui-Vigo, provincia de Pontevedra), depositado en el Archivo arriba mencionado, folio 16 vuelto, obra la partida de **Dalmacio Cipriano Giráldez Boceta**, que transcribe literalmente:

En el margen izquierdo: "Dalmacio de Dn. Benito Gilráldez y de Da. Gumersinda Boceta, de Valeige. Viven en Miñoteira".

Cuerpo: "El día veinte y seis del mes de Diciembre año de mil ochocientos ochenta y uno, yo el infra escrito Abad Párroco de Santa Cristina de Valeije, bauticé solemnemente un niño que nació el día nuebe del mes referido a las once de la mañana, hijo natural de Don Benito Giráldez, capitán de infantería, y de Doña Guversinda [sic] Boceta, él natural de esta Parroquia de Valeije, y ella oriunda de San Juan de Alveos, y vecinos del dicho lugar de Valeije, la que fue viuda de Don Leopoldo Vázquez. Abuelos paternos José Giráldez y Manuela González, ahora difunta, naturales y vecinos de la espresada y del mencionado Valeije; y maternos Don Feliciano Boceta, natural de esta y Da. Jesusa Rivera, natural de la referida de San Juan de Alveos, ahora difuntos, y vecinos que fueron de la Villa de la Cañiza. Púsele de nombres Dalmacio Cipriano. Fueron sus padrinos Don Román Giráldez, Comandante, tío natural paterno, y Doña Elisa Boceta, tía materna del niño, a quienes les advertí el parentesco espiritual y demás obligaciones que previene el Ritual Romano; el mencionado padre Don Benito Giráldez se presentó ante el párroco después de bautizado el niño y dijo que el niño llamado Dalmacio Cipriano era hijo suyo natural y de la referida Da. Gumersinda Boceta, el que reconoce por su hijo y quiere que goce de todos los derechos que conceden las leyes cibiles y eclesiásticas y que pueda usar también de su apellido; y para que ante los tribunales de Justicia, firma este reconocimiento por ante dicho Párroco y testigos que fueron Juan Manuel Rodríguez y Ramona Rodríguez, casados, del lugar del Cruceiro, firmaron todos en esta Partida el espresado Don Benito como el Párroco y testigos referidos, al dicho día, mes y año ut supra. Joaquín Sarmiento Araújo [rubricado], Benito Giráldez [rubricado], Ramón Rodríguez, Juan Manuel Rodríguez".

Para que surta los efectos oportunos, firma y sella esta trascripción, que concuerda con el original, en Tui, a 1 de junio de 2016.

Avelino Bouzón

Archivo Histórico Diocesano, Tui, Acta Literal de Bautismo de Dalmacio Giráldez Buceta, Don Avelino Bouzón Gallego, director del Archivo Histórico Diocesano de Tui. Libro XIV de Bautizados de la parroquia de Santa Cristina de Valeixe (diócesis de Tuy-Vigo, provincia de Pontevedra).

Anexo 3
Diploma de masón de Dalmacio Giráldez Buceta

GRAN LOGIA DE LA ISLA DE CUBA · HABANA

IN FOEDERE VIS

A TODOS
los antiguos libres y aceptados Masones
SALUD

Sabed: que el portador ha sido exaltado al grado sublime de MAESTRO MASON, y cumplido todos sus deberes á entera satisfaccion de sus hermanos, por cuya razon le recomendamos como tal.
En testimonio de lo cual le expedimos este certificado, y para que no pueda servir á ningun otro, le hemos hecho firmar, ne varietur.

Be it known: that the bearer hereof hath been raised to the sublime degree of a Master Mason, and hath performed all his works to the entire satisfaction of his brethren, he is, therefore recommended as such.
In testimony whereof we deliver to him this certificate, and that it may not be of use to any one else, we have caused him to sign his name. ne varietur.

Sachez: que le porteur a été exalté au sublime grade de Maître Maçon, et a rempli tous ses devoirs a l'entière satisfaction de ses frères, c'est pour quoi nous le recommandons comme tel.
En preuve de quoi nous lui expedions ce certificat, et afin qu'il ne puisse servir a aucun autre, nous l'avons fait signer. ne varietur.

Diploma de Dalmacio Giraldez Buceta
natural de España de -40- años
miembro de la Logia Obreros de Oriente
situada en Baracoa
Dado en la Habana, á 28 de Diciembre de 192[illegible]

El Gran Maestro
El Gran Primer Vigilante
El Gran Segundo Vigilante
El Gran Tesorero
El Gran Secretario

Fol 104
Nº 14593

THE PETTIBONE BROS MFG. CO. FRATERNITY PUBLISHERS, CINCINNATI, O.

Ne Varietur

Cortesía de Hilda y Elena Giráldez

Anexo 4

Carta de puño y letra de Dalmacio Giráldez Buceta

FARMACIA DEL DR. D. GIRALDEZ
PLAZA DE LA VICTORIA No. 7
APARTADO 41
BARACOA, CUBA

10 Febrero de 1924

Querido Joaquín: Recibí tu carta en la que me anuncias que saldrás de esa á fines de febrero ó principio de Marzo. En estos días iré á la Habana para recibirte. Procura estudiar y repasar lo que te dije de palabra y por cartas, pues aún cuando no abrigo dudas á que consiguirás revalidar, estaría bien el que en los exámenes hicieres un buen papel. Ocúpate de esto, mas que de ninguna otra cosa, pues para tí creo tenga mucha mas importancia el revalidar tu título aquí que la partición de vuestra herencia.

Saluda á tu mamá y hermanos y tu recibe un abrazo de tu primo

Dalmacio

Si tienes que escribirme hazlo con la siguiente dirección:

Calle 6 N 208 Vedado
Habana

Cortesía de Sisa Fernández

Anexo 5

Pasaporte cubano de Dalmacio Giráldez Buceta

Libro 152

Pasaporte núm. 130

Doctor Carlos Manuel de Céspedes

Secretario de Estado de la República de Cuba,

FILIACION

Padres Benito y Ermesinda

Lugar de nacimiento Valeije Pontevedra. España

Edad 47 años

Estado casado

Profesión farmacéutico

Estatura alta

Color blanco

Ojos pardos

Pelo castaño

Barba bigotes rasurados

Señas particulares

Personas que le acompañan

Dalmacio Girald
Firma del portador.

Certifica: que Dalmacio Giraldez y Buceta es ciudadano cubano y suplica a las Autoridades civiles y militares de los países por donde transite reconozcan en él la calidad de tal ciudadano, con todos los privilegios que sean inherentes a dicha ciudadanía.

Dado en la Ciudad de la Habana, a veinte y nueve de agosto de mil novecientos veinte y cinco.

Carlos Manuel de Céspedes

Cortesía de Pablo y Rosa Giráldez

Anexo 6

Carta de Rosario de Acuña a Don Dalmacio Giráldez

EL MOTÍN

Año XL | Madrid, Sábado 18 de Septiembre de 1920. | Número 37.

EL MOTÍN
PERIÓDICO SEMANAL
SE PUBLICA LOS SABADOS

REDACCIÓN Y ADMINISTRACIÓN
ALBERTO AGUILERA, 62, MADRID

PRECIOS DE SUSCRIPCION

Madrid y provincias, 1'50 pesetas trimestre, 3 semestre, 6 año.—Ultramar y Extranjero, 10 pesetas año.—Pago adelantado.—Corresponsales, 1'50 pesetas 25 números.—Número suelto 10 céntimos.

Los suscriptores directos tendrán derecho á recibir cuanto se publique en esta casa, con el 25 por 100 de rebaja.

A Rosario de Acuña

No creo que se enfade usted conmigo, mi buena amiga, por contrariar sus deseos, que tratándose de otro asunto fueran órdenes para mí. Publico la carta que usted dirige á don Dalmacio Giraldez, de Baracoa, sin obtener antes su permiso. Publiqué la que él me dirigió desoyendo sus ruegos de que no lo hiciese, por creer que su acción generosa debía ser conocida, y por la misma razón inserto la que usted le dirige demostrándole su agradecimiento. Reconozco y confieso la falta que entonces cometí, pero me arrepiento del modo que usted ve: agravándola ahora con la reincidencia.

Sr. D. Dalmacio Giraldez.
Boracoa (Cuba).

Muy amigo mío: Desde que recibí el donativo de *250 pesetas* que tuvo usted la bondad de remitirme, por conducto del señor Nakens, no hubo un día que no tuviese la pluma en la mano para escribirle... Más siempre me decía: ¿Qué le digo yo ¡pobre de mí! que sea capaz de expresar la honda emoción de gratitud, de asombro y á la vez de remordimiento, que todo esto á un tiempo sentía ante su noble acción? El agradecimiento no puede conocerle bien sin estar enterado minuciosamente de las circunstancias en que vivo, que son realmente más crueles que las de una miseria total. El asombro tampoco puedo expresarlo bien, porque sin duda, nunca de las nobles condiciones humanas, de tal manera, en el presente, el egoísmo ha saltado sobre todas las tendencias bondadosas de la humanidad, que apenas se puede comprender que exista alguien que deje obrar en él la generosidad y el altruismo, siendo acaso el *uno* por *millón* de séres capaces de saber apreciar las vicisitudes ajenas; y el remordimiento apenas puedo decirlo, pues estoy profundamente convencida de que yo no soy todo lo acreedora á esta clase de donativos, habiendo tantos séres que viven y mueren en lucha continua contra las fuerzas regresivas humanas, y nadie, nunca les dió ayuda, consuelo ó amparo.

En cuanto á los méritos de mi propaganda, yo no hice más que satisfacer *una necesidad* de mi espíritu.

Todo este estado de confusión de mi ánimo, se amontonaba al querer escribirle, y, por encima veía el deseo de usted, de que su acción no se conociese, y esto indica un tan altísimo pudor de inteligencia, que he temido, y temo, que hasta le moleste la manifestación de mi gratitud por que rasgos como el suyo acusan un espíritu profundo y racional, y el bien, el favor, la ayuda, el amparo ó la protección, que ejercen almas tan selectas, suelen no buscar ni querer otra mas recompensa que la satisfacción íntima de haberlas realizado.

De todos modos, sepa, que mi voluntad es manifestarle lo más sinceramente posible mi afectuoso reconocimiento y desearle que su corazón y su inteligencia caminen siempre de la mano de la generosidad, virtud exclusiva de las mentes racionales, que hoy yace agoviada por todos los odios, las concupiscencias y los instintos groseros.

Por mediación del Sr. Nakens le envío la presente, porque deseo que él la lea, aunque le ruego no la publique sin que usted le autorice para ello, y tenga la seguridad de que, acordándome siempre de su noble acción, le queda hondamente agradecida su amiga fiel,

ROSARIO DE ACUÑA Y VILLANUEVA

Gijón, 1.º Septiembre 1920.

¡Hermosa carta la suya amiga Rosario! Con esta misma fecha, la pongo en el correo para que el señor Giraldez reciba al mismo tiempo que este número ese autógrafo de usted, tan valioso por lo que dice como conmovedor por lo que calla, y para que se convenza de que á mí, que callo tantas cosas, no debe encargárseme que guarde silencio cuando se trata de actos que honran y engrandecen á quien los realiza.

Lo malo es que son pocas las ocasiones que se me presentan para demostrar lo arraigado que tengo el defecto de divulgar todo lo que puede servir de admiración ó de ejemplo.

JOSÉ NAKENS

Declaración noble

El escritor sindicalista Salvador Quemades, ha dicho:

«Ayer la Prensa nos dió cuenta de un atentado; hoy nos ofrece la misma desagradable noticia. Ayer fueron dos esquiroles los que cayeron al suelo ensangrentados; hoy es un compañero quien ha recibido los misteriosos golpes mortales que asesta el odio. Esta modalidad de la lucha, más disolvente y más inmoral que la inmoral y disolvente de los Gobiernos, es sencillamente repugnante. Nadie puede hacerse solidario de ninguno de estos hechos. Es más, nosotros tenemos la obligación de sacudirnos la cobardía de permitir y tolerar impasibles una obra que se opone á cuantas iniciativas elevadas se quieran llevar á la práctica. Con los atentados no podrá la sociedad dar un paso hacia adelante sin el temor de haber realizado un sacrificio estéril, porque cualquier hecho de éstos la obligan á retroceder, á perder su crédito, á debilitarse en una lucha que debía estar terminada, porque debíamos haber llegado ya a reconocer inviolable la personalidad humana y á proceder en consecuencia con esta convicción.

El mantenimiento del orded social, según hoy se entiende, supone muchas injusticias; pero si para evitarlas se ha de apelar á procedimientos tan violentos como los del atentado, aún en el caso de que llegaran á triunfar, nadie podría asegurar que había ganado algo la Justicia.

Toda obra de paz, de elevación, no puede ni debe ser ayudada por esos hechos vergonzosos que por sí sólos son capaces para acabar con el crédito de una agrupación. Ya sabemos que la nuestra no es responsable de tales cosas, y que no se le pueden exigir cuentas. Pero si alguien que no conociese ni quisiera conocer cuál es su credo, creyera realizar una buena obra apelando á esos extremos, se engañaría. Nos cuesta trabajo creer que aunque haya esquiroles y patronos que exciten las pasiones, sean amigos de la organización obrera quienes disparen las pistolas mortíferas. ¡Es tanto el daño que eso la causa!

Ahora que se realizan todos los esfuerzos para llegar á un período de normalidad y que se estudia una fórmula para dotar á la organización de una constitución que haga imposible que se produzca el menor resquebrajamiento aun en los períodos de más compromiso; ahora que estamos en el principio del fin y pretendemos llegar á convencer á todo el mundo de que lo único serio y justo es lo que nosotros realizamos, estos hechos, de una simplicidad aterradora y salvaje, esta justicia ciega y sin apelación, que condena en esa forma tan terrible, no puede ser vista por nadie, sin espanto y sin dolor...»

No es la vez primera, según me dicen, que éste sindicalista se expresa en tal sentido, lo cual le honra. Pero me temo que su noble conducta y la de los que le imiten no produzca el efecto que se proponen, por haber ya muchos cerebros perturbados con la errónea idea de que los mal llamados *crímenes sociales* se diferencian en

José Nakens, *El Motín* (Madrid), 18 de septiembre de 1920, https://hemerotecadigital.bne.es. Imágenes procedentes de los fondos de la Biblioteca Nacional de España.

Anexo 7

Entradas a los Estados Unidos de Dalmacio Giráldez Buceta (1915-1947)

Form AR-102—Revised

☐ Initial Entry ☒ Reentry

IF REENTRY INDICATE:

a. Date last departure from U. S.: 1937 (Month) (Day) (Year)

b. Port of departure: Miami, Fla.

c. Registration number if previously registered:

6695056

UNITED STATES DEPARTMENT OF JUSTICE

IMMIGRATION AND NATURALIZATION SERVICE

ALIEN REGISTRATION

FOREIGN SERVICE FORM

OFFICE USE

1.☆ My name is Dalmacio GIRALDEZ y Buceta. (FIRST NAME) (MIDDLE NAME) (LAST NAME)

☆ I have also been known by the following names --- (include maiden name if a married woman, professional names, nicknames, and aliases):

2.☆ My address in the United States will be c/o. Pablo Giraldez, 232 W. 67th St., (STREET ADDRESS OR RURAL ROUTE) Apt. 213, New York. (CITY) (STATE)

3.☆(a) I was born on Dec. 9, 1881. (MONTH) (DAY) (YEAR)

☆(b) I was born in (or near) Pontevedra, Spain. (CITY) (PROVINCE) (COUNTRY)

4.☆ I am a citizen or subject of Cuba. (COUNTRY)

5.☆(a) I am a (*check one*): Male ☒[1] Female ☐[2]

☆(b) My marital status is (*check one*): Single ☐[1] Married ☐[2] Widowed ☒[3] Divorced ☐[4]

☆(c) My race is (*check one*): White ☒[1] Negro ☐[2] Japanese ☐[3] Chinese ☐[4] Other

6. I am 5 feet 9 inches in height, weigh 210 pounds, have grey-bwl. hair, and brown eyes. (COLOR) (COLOR)

7.☆ My first arrival in the United States was on 1915. (MONTH) (DAY) (YEAR)

8.☆(a) I have lived in the United States a total of about six months. years.

☆(b) I expect to remain in the United States three months. (PERMANENTLY, OR DURATION OF EXPECTED STAY)

9. (a) My usual (or previous) occupation is Dr. in Pharmacy.

(b) My present occupation is same.

☆(c) My present employer (or registering parent or guardian) is self owns a drugstore (NAME)

whose address is Aguila Nro. 712, Habana, Cuba. (STREET ADDRESS) (CITY) (COUNTRY OR STATE)

and whose business is a drugstore.

10. (a) I intend to be engaged in the following activities in the United States: to visit my son.

(b) I have been, within the past 5 years, engaged in the following activities: as a Dr. in Pharmacy.

All items must be answered by persons 14 years of age, or older. For children under 14 years of age, only the items marked with a star (☆) must be answered by the parent or guardian. **All answers must be accurate and complete.**

(Revised Nov. 15, 1942) 10—16440-1

Records Copied at the National Archives at Kansas City. Record Group 566, Records of the U.S. Citizenship and Immigration Services. Department of Justice. Immigration and Naturalization Service. Alien Case Files, 1944-2003. Alien Case File A6695056 Dalmacio Giraldez Y Buceta. National Archives Identifier: 217773144.

Entradas a los Estados Unidos de Dalmacio Giráldez Buceta (1915-1947)

11. My military or naval service has been --- (COUNTRY)

-- (BRANCH OF SERVICE) From (DATE) to (DATE)

12. ☆I have not (HAVE, HAVE NOT) applied for first citizenship papers in the United States. Date of application

First citizenship papers received (DATE), (NUMBER), (CITY), (STATE)

Filed petition for naturalization (DATE), (CITY), (STATE)

13. ☆I have the following specified relatives living in the United States:

Parent(s) none (NONE, OR ONE, OR BOTH) Husband or wife no (YES OR NO) Children a son. (NUMBER)

14. I have not. (HAVE, HAVE NOT) been arrested or indicted for, or convicted of any offense (or offenses). These offenses are:

Nature of offense	*Date of arrest*	*Place of arrest*	*Disposition of case*

15. Within the past 5 years I have not (HAVE, HAVE NOT) been affiliated with or active in (a member of, official of, a worker for) organizations, devoted in whole or in part to influencing or furthering in the United States, the political activities, public relations, or public policy of any other government.

OFFICE USE

RIGHT INDEX FINGER

AFFIDAVIT FOR PERSONS 14 YEARS OF AGE AND OLDER

I have read or have had read to me the above statements, and do hereby swear (or affirm) that these statements are true and complete to the best of my knowledge and belief.

Dalmacio Giraldez (SIGNATURE OF REGISTRANT)

Subscribed and sworn to (or affirmed) before me this 20 day of March 1947 at the place designated by the official seal below.

H. Wellman (REGISTERING OFFICIAL)

HARVEY R. WELLMAN
VICE CONSUL

AFFIDAVIT FOR PARENT OR GUARDIAN ONLY

I am the (PARENT OF, OR GUARDIAN OF OR PERSON RESPONSIBLE FOR) the above-named alien, who is (UNDER 14 YEARS OF AGE, OR INSANE) and have made the above allegations for him (or her). I have read or have had the same read to me, and do hereby swear (or affirm) that they are true and complete to the best of my knowledge, information, and belief.

PRINT NAME, ADDRESS, AND BUSINESS OF PERSON SIGNING THIS AFFIDAVIT IN 9 (c), ABOVE.

Subscribed and sworn to (or affirmed) before me this ...... day of ...., 194..., at the place designated by the official seal at the right.

AMERICAN CONSULAR SERVICE — HABANA, CUBA

(SIGNATURE OF PARENT OF, OR GUARDIAN OF, OR PERSON RESPONSIBLE FOR THE ALIEN) (REGISTERING OFFICIAL)

I certify that the within named registrant arrived in the United States on the S. S. Florida

on JUN 16 1947 (DATE) at the port of Miami Fla. and was inspected by me and duly admitted. ~~rejected~~.

3/2 6 ms.

S. C. Merritt (IMMIGRATION OFFICER)

Records Copied at the National Archives at Kansas City. Record Group 566, Records of the U.S. Citizenship and Immigration Services. Department of Justice. Immigration and Naturalization Service. Alien Case Files, 1944-2003. Alien Case File A6695056 Dalmacio Giraldez Y Buceta. National Archives Identifier: 217773144.

BIBLIOGRAFÍA

Abad Gallego, Xoán Carlos. 2016. *Dias Negros. Crónica lutuosa dalgúns dos feitos que encheron de dor e morte o sur da provincia de Pontevedra. até 1936*. Vigo: Instituto de Estudio Vigueses.

Acosta, Camila. 2019. «Masonería en Cuba: 160 años a destiempo (I).» Cubanet. 23 de diciembre de 2019. https://www.cubanet.org/.

Agencia Española de Cooperación Internacional.1998. *Un último amor, 1898: imágenes de la inmigración española en Cuba*. Madrid: AECI.

Altamira, Rafael. 2015. «La España del siglo XIX.» Alicante: Biblioteca Virtual Miguel de Cervantes. http://cervantesvirtual.com/.

Alvar Esquerra, Jaime. 2003. *Diccionario de historia de España*. Madrid: Fernández Ciudad, S.L.

Baracoa.org. s. f. «Baracoa-Censos.» Consultado el 15 de diciembre de 2020. http://baracoa.org/.

Barnet, Miguel. 1998. *Gallego*. La Habana: Editorial Letras Cubana.

Beevor, Anthony. 2005. *La Guerra Civil Española*. Barcelona: Editorial Crítica.

Bouzas, Pemón y Xose A Domelo. 2020. *Mitos, Ritos y Leyendas de Galicia*. 19.ª ed. Barcelona: Editorial Planeta, S.A.

Buceta, Julián. 1906-1918. *Vigo. Faenas típicas de Galicia*. tarxeta postal, fototipia. Biblioteca Dixital de Galicia. http://biblioteca.galiciana.gal/.

Bugallo Sánchez, Luis Miguel. 2010. *Filloas en Galiza*. 27 de febrero de 2010. Vía Wikimedia Commons.

Campra, Marián. 2021. «Taller de Cocina-Día de Rosalía de Castro-Caldo de Gloria.» Lar Gallego de Sevilla. 24 de febrero de 2021. https://www.largallegosevilla.com/.

Carpentier, Alejo. 1982. *La ciudad de las columnas*. Ciudad de La Habana: Editorial Letras Cubanas.

De las Casas, Bartolomé. 1927. *Historia de las Indias*. Madrid: Editorial M. Aguilar.

Castro, Rosalía de. 1909. *Obras Completas de Rosalía de Castro II: Cantares Gallegos*. Madrid: Librería de los sucesores de Hernando.

«Comité Pro-Libertad de España.» 1925. *Eco de Galicia: revista ilustrada y de información de la colonia gallega en Cuba*. 5 de abril de 1925. https://biblioteca.galiciana.gal/.

Concello de A Cañiza. s. f. «Valeixe.» A Cañiza. Consultado el 5 de diciembre de 2022. https://caniza.org/es/turismo/parroquias/valeixe.

La Correspondencia Gallega (Pontevedra).1906. «Reales despachos de retiros.» 7 de abril de 1906. http://biblioteca.galiciana.gal/.

Crespo Sánchez, Francisco Javier y Hernández Franco, Juan. 2017. «La construcción del modelo de paternidad en España (1870-1920).» *Relac. Estud. hist. soc.* 38 (150): 215-246. DOI:10.24901/rehs.v38i150.302.

Crónica de Pontevedra (Pontevedra). 1887. «Pontevedra y Galicia.» 18 de junio de 1887. http://biblioteca.galiciana.gal/.

Cuadriello, Jorge Domingo. 2009. *El exilio republicano español en Cuba*. Madrid: Siglo XXI de España Editores, S.A.

Cuerda, José Luis, dir. 1987. *El bosque animado*. España: Classic Film Productions S.A. 108 m. DVD.

Diario de avisos de La Coruña. 1887. 19 de julio de 1887. http://biblioteca.galiciana.gal/.

Diario de la Marina (La Habana). 1914. «Los geófagos de Baracoa.» 9 de septiembre de 1914. https://prensahistorica.mcu.es/.

Diario de la Marina (La Habana). 1916. «Pastillas del Dr. Richards para el estómago.» 15 de mayo-15 de diciembre de 1916. https://prensahistorica.mcu.es/.

Diario de la Marina (La Habana). 1925. «La Droguería Internacional gana el premio del concurso de escaparates en la casa Pinkham, que era de cien pesos de oro.» 23 de mayo de 1925. https://prensahistorica.mcu.es/.

Diario de la Marina (La Habana). 1926. «Hijas de Galicia.» 31 de marzo de 1926. https://prensahistorica.mcu.es/.

Diario de la Marina (La Habana). 1927. «La Sociedad Hijas de Galicia toma importantes acuerdos.» 27 de octubre de 1927. https://prensahistorica.mcu.es/.

Diario de la Marina (La Habana). 1933. «Puerto.» 20 de febrero de 1933. https://prensahistorica.mcu.es/.

Diario de la Marina (La Habana). 1933. «140,000 en propiedades se sacan a subasta ahora.» 3 de marzo de 1933. https://prensahistorica.mcu.es/.

Durán-Loriga y Salgado, Miguel. 2013. *Pazos gallegos. Materiales para su estudio.* Pontevedra: Editorial Deputación de Pontevedra.

El Eco del Condado (Pontevedra). 1929. «Ayuntamiento de Cañiza. Valeije.» 1.º de enero de 1929. http://biblioteca.galiciana.gal/.

El Eco del Condado (Pontevedra). 1930. «Ayuntamiento de Cañiza. Valeije.» 1.º de enero de 1930. http://biblioteca.galiciana.gal/.

El Eco de Santiago (Santiago de Compostela). 1903. «Los sucesos de Vigo.» 28 de febrero de 1903. https://prensahistorica.mcu.es/.

El Eco de Santiago (Santiago de Compostela). 1908. «Galicia.» 28 de julio de 1908. https://prensahistorica.mcu.

Eguren, Gustavo. 1986. *La fidelísima Habana.* La Habana: Editorial Letras Cubanas.

Estrada Turra, Baldomero. 2009. «República y exilio español en el fin del mundo. Valparaíso, Chile.» *Revista De Indias* 69 (245): 95-122. https://doi.org/10.3989/revindias.2009.004.

Fernández Muñiz, Aurea M. 1995. *España Contemporánea: Segunda República y Guerra Civil (1931 -1939).* La Habana: Feliz Varela.

Fernández Muñiz, Aurea M. 2002. *España, Franquismo y Transición (1939-1982).* La Habana: Editorial de Ciencias Sociales.

Fernández Muñiz, Aurea M. 2013. *Josué y Consuelo: amor, guerra y exilio en mi memoria.* La Habana: Ediciones La Memoria, Centro Cultural Pablo de la Torriente Brau.

Fernández, Carlos. 2008. «El primer tren con Madrid celebra su 125 aniversario.» *La Voz de Galicia.* 31 de agosto de 2008. https://www.lavozdegalicia.es/.

Fernández Rodríguez, Carlos. 2008. *La lucha es tu vida. Retrato de nueve mujeres combatientes republicanas.* Madrid: Fundación Domingo Malagón.

Fernández León, Elber Enrique. 2019. «Aportes de la masonería cubana a la formación patriótica de los próceres en las luchas por la independencia.» ROCA. *Revista científico-educacional de la provincia Granma* 15, no. 2 (abril-junio): 261-262. roca@udg.co.cu.

Fernández Figueroa, Enrique Juan de Dios. 1993. *La historia como condicionante del territorio. El caso de Cuba.* Oviedo: Asociación de Amistad Hispano-Nicaragüense Rubén Darío; Madrid: Principado de Asturias, Consejería de Fomento.

Fernández Amil, Iván. 2022. «Hijas de Galicia, las gallegas que crearon en Cuba la mayor asociación de mujeres del mundo.» Quincemil. 27 de marzo de 2022. https://www.elespanol.com/quincemil/.

Ferras Pérez, Norma. 2019. Una institución de salud con casi un siglo de historia. *Tribuna de La Habana.*12 de octubre de 2019. http://www.tribuna.cu/.

Figueredo, Katia. 2014. *Cuba y la Guerra Civil Española: mitos y realidades de la derecha hispano-cubana (1936-1942).* La Habana: Universidad de La Habana.

Fraga, Xesús. 2013. «Viaje a la Galicia del siglo XIX.» *La Voz de Galicia.* 19 de diciembre de 2013. https://www.lavozdegalicia.es/.

Gaceta de Galicia (Santiago de Compostela). 1904. «Cuntis.» 10 de agosto de 1904. http://biblioteca.galiciana.gal/.

Gaceta Oficial de la República de Cuba (La Habana). 1933. «Habana-Sur.» 3 de enero de 1933. https://books.google.com/.

Galicia. 1969. Fotografía (tarxeta postal): cor; 11 x 15 cm. Biblioteca Dixital de Galicia. http://biblioteca.galiciana.gal/.

García, Luis. 2015. *Fachada sur de la Casa de Giner y Cossío en la Institución Libre de Enseñanza.* 6 de octubre de 2015. Via Wikimedia Commons.

García Santana, Alicia. 2018. *Las primeras villas de Cuba.* Ciudad de Guatemala: Polymita S.A.

García, Jesús Manuel. 2008. «Galicia vivió entre 1880 y 1936 una etapa dorada en la ilustración de libros.» *La Voz de Galicia.* 18 de junio de 2008. https://www.lavozdegalicia.es/.

Giner de los Ríos, Francisco. 1934. *Programa de la Institución Libre de Enseñanza.* Madrid: C de Francisco Giner.

Giráldez Rodríguez, Rosa y Maida Purdy Giráldez. 2022. *A Galicia no olvido.* Miami: Purdy Publishing House.

González de la Peña Puerta, José Manuel. 2016. «La historia de la farmacia cubana decimonónica.» Tesis doctoral, Universidad de Sevilla. http://hdl.handle.net/11441/41124.

Gorajuría Marichal, Marcelo Israel. 2015. *Historia y pasión del automóvil en Cuba.* La Habana: Ediciones Cubanas, Artex.

Hernández Ortega, Raúl. 2011. *La casa en un morral: voces de niños de la Guerra Civil Española.* La Habana: Ediciones La Memoria.

Juantiagues. 2009. *Caldo galego.* 1.º de diciembre de 2009. Via Wikimedia Commons.

Lago Graña, Josefa. 2012. «Adiós Ríos, adiós Fontes; Rosalía de Castro y los gallegos de Cuba.» *Revista de Filología y Lingüística de La Universidad de Costa Rica* 35, no. 2 (agosto): 115-125. https://doi.org/10.15517/rfl.v35i2.1143.

Leal Spengler, Eusebio. 2009. *Legado y memoria.* La Habana: Ediciones Boloña.

Le Riverend, Julio. 1992. *Breve historia de Cuba.* La Habana: Editorial de Ciencias Sociales.

Llanes, Lillian. 2013. *El Vedado de los generales y doctores.* Valencia: Selvi Ediciones.

Longueira, Maribel. 2009. *Entremiradas II: Galicia-Cuba.* A Coruña: Xunta de Galicia, Servicio Central.

López Mesa, Enrique. 2015. *Hipótesis sobre un elogio: José Martí y Manuel Zeno Gandía.* La Habana: Centro de Estudios Martianos.

López de la Vega, José. 1857. *Santa Cristina de Valeije: Colección de artículos literarios en prosa y verso.* Pontevedra.

López, Sagrario Ron. 2021. «O peto dás ánimas.» Recreación de la historia (blog). 11 de junio de 2021. https://recreacionhistoria.com/.

Márquez, Edi. 2021. «A Cañiza en Fotos | ACHAS: Peto de Ánimas da Espiguiña.» Facebook, 10 de julio de 2021.https://www.facebook.com/.

Martí, José. 2011. *Obras Completas.* Vol. 22. La Habana: Editorial de Ciencias Sociales, Centro de Estudios Martianos.

Mateo Taboas, Carlos. 2012. «Doña Gumersinda.» Manuscrito inédito. Formato de archivo PDF.

Mejuto, Juan. 2010. *Cocido galego, Galicia (Spain).* 10 de marzo de 2010. Via Wikimedia Commons.

Mellado, Francisco de Paula. 1845. *España geográfica, histórica, estadística y pintoresca.* Madrid. https://www.cervantesvirtual.com/.

Menor Curras, Manuel. 1983. «Los petos de ánimas de la provincia de Orense.» *Revista de Folklore Fundación* 3ª (25): 6-15. https://www.cervantesvirtual.com/nd/ark:/59851/bmchq5r4.

Montagut, Eduardo. 2018. «El manifiesto de la liga nacional laica de 1930.» Laicismo.org. 13 de junio de 2018. https://laicismo.org/.

Murguía, Manuel. 1888. *Galicia.* Barcelona.

Nakens, José. 1920. «Encargo Cumplido.» *El Motín* (Madrid). 3 de julio de 1920. http://www.memoriademadrid.es/.

Nakens, José. 1920. «A Rosario de Acuña.» *El Motín* (Madrid). 18 de septiembre de 1920. http://www.memoriademadrid.es/.

El Noroeste (La Coruña). 1908. «Los que mueren.» 12 de diciembre de 1908. https://prensahistorica.mcu.es/.

El País (Madrid). 1902. «Federación Revolucionaria: Madrid.» 27 de diciembre de 1902. https://hemerotecadigital.bne.es.

Portuondo, Fernando. 1965. *Historia de Cuba.* La Habana: Editora Universitaria.

PSdeG-PSOE. s. f. *Pequena guía para coñecer e recordar A Cañiza.* A Cañiza: Grupo Municipal Socialista PSdeG-PSOE de A Cañiza. Folleto. Consultado el 14 de agosto de 2022.

El pueblo gallego (Vigo). 1928. «Valeije.» 26 de octubre de 1928. http://biblioteca.galiciana.gal/.

El pueblo gallego (Vigo). 1929. «Valeije.» 10 de julio de 1929. http://biblioteca.galiciana.gal/.

El pueblo gallego (Vigo). 1935. «La Cañiza.» 9 de agosto de 1935. http://biblioteca.galiciana.gal/.

Rand McNally and Company. 1912. *The Rand McNally New Library Atlas Map of Cuba.* 1:1,806,000 scale. Alabama Maps, Historical Maps of Cuba. Consultado el 20 de agosto de 2022. http://alabamamaps.ua.edu/historicalmaps/.

Rand McNally and Company. 1936. *Popular Map of Cuba.* 1:3,738,000 scale. Alabama Maps, Historical Maps of Cuba. Consultado el 20 de agosto de 2022. http://alabamamaps.ua.edu/historicalmaps/.

Rivero, Juan. *Galicia.* 1905. La Habana: Imprenta de Rambla y Bouza.

Rodríguez Galdo, María Xosé. 1992. *Galicia y América: cinco siglos de historia.* Santiago de Compostela: Consello da Cultura Galega.

Rodrigo, Belén. 2019. «Un palacete art decó transformado en casino.» *ABC* (Madrid). Actualizado el 12 de noviembre de 2020. https://www.abc.es/espana/.

Sánchez Pardo, José. 2014. «La parroquia rural, un patrimonio del que podemos aprender.» *La Voz de Galicia.* 11 de mayo de 2014. https://www.lavozdegalicia.es/.

Sánchez Robert, Siomara. 2001. *La Habana: puerto y ciudad, historia y leyenda: una bibliografía en el tiempo (siglos XVI-XX).* Ciudad de la Habana: Publicación de la Oficina del Historiador de la Ciudad de La Habana: Ediciones Boloña.

El Socialista (Madrid). 1936. «Fondo Electoral.» 1.º de febrero de 1936. https://fpabloiglesias.es/archivo-y-biblioteca/.

Tribuna: seminario popular de Tuy. 1934. «Noticias Varias.» 2 de septiembre de 1934. http://biblioteca.galiciana.gal/.

Troncoso García-Cambón, Ricardo. 2016. «Informe genealógico completo de Maida Purdy Giráldez.» Manuscrito inédito. Formato de archivo PDF.

[Tui]. Caldelas de Tuy. Lavadero a orillas del Mino [sic]. (antes de 1906). Fotografía. Biblioteca Dixital de Galicia. http://biblioteca.galiciana.gal/.

Tuñón de Lara, Manuel. 1984. *Estudios sobre el siglo XIX español.* Madrid: Siglo XXI de Editores.

Turismo de Galicia. s. f. «Cruceiros-Galicia.» Turismo de Galicia. Consultado el 21 de agosto de 2022. https://www.turismo.gal/.

Unamuno, Miguel de. 1911. *Por tierras de Portugal y de España: Galicia.* Madrid: V. Prieto y Com.

Vázquez Matos, Dania. 2005. «La Escuela Libre de La Habana: vivero de inquietudes y desvelos renovadores». Alicante: Biblioteca Virtual Miguel de Cervantes. http://cervantesvirtual.com/.

Vidal, José Antonio. 2007. «Causas y factores posibilitadores del proceso migratorio en el discurso de los emigrantes.» *Nuevo Mundo Mundos Nuevos.* 12 de marzo 2007. DOI : https://doi.org/10.4000/nuevomundo.3763.

La Voz de Galicia. 2015. «Rosalía de Castro, la escritora gallega más universal.» 24 de febrero de 2015. https://www.lavozdegalicia.es/.

Made in United States
Orlando, FL
26 July 2025